Memórias da Biblioteconomia no Brasil

Simone R. Weitzel, Nanci Oddone, Mariza Almeida
e Bruna Nascimento (Orgs.)

Memórias da Biblioteconomia no Brasil

10 anos
malê

Direção: Francisco Jorge & Vagner Amaro

Memórias da Biblioteconomia no Brasil
ISBN: 978-65-85893-62-6
Edição: Vagner Amaro
Capa: Dandarra Santana
Diagramação: Maristela Meneghetti
Revisão: Louise Branquinho

Texto revisado segundo o novo Acordo Ortográfico da Língua Portuguesa.

Dados Internacionais de Catalogação na Publicação (CIP)
(Câmara Brasileira do Livro, SP, Brasil)

Memórias da biblioteconomia no Brasil / organização
Simone R. Weitzel ... [et al.]. -- 1. ed. --
Rio de Janeiro : Malê Edições, 2025.

Outros organizadores: Simone R. Weitzel,
Nanci Oddone, Mariza Almeida, Bruna Nascimento
ISBN 978-65-85893-62-6

1. Biblioteconomia 2. Biblioteconomia - Brasil
3. Biblioteconomia - Inovações tecnológicas
4. Biblioteconomia como profissão 5. Biblioteconomia
e ciência da informação 6. Memórias I. Weitzel,
Simone R. II. Oddone, Nanci. III. Almeida, Mariza.
IV. Nascimento, Bruna

25-291054 CDD-020

Índices para catálogo sistemático:

1. Biblioteconomia e Ciência da Informação 020

Maria Alice Ferreira - Bibliotecária - CRB-8/7964

FAPERJ
Fundação Carlos Chagas Filho de Amparo à Pesquisa do Estado do Rio de Janeiro

Este livro foi financiado pela FAPERJ - Edital n. 34/2021 - Programa Apoio a Projetos no âmbito do Bicentenário da Independência do Brasil.

malê

Editora Malê
Rua Acre, 83, sala 202, Centro. Rio de Janeiro (RJ)
www.editoramale.com.br
contato@editoramale.com.br

Sumário

Prefácio

A presente obra, intitulada "Memórias da Biblioteconomia no Brasil", é uma coletânea com seis capítulos, organizada por Simone R. Weitzel, Nanci Oddone, Mariza Almeida e Bruna Nascimento, docentes do Programa de Pós-Graduação em Biblioteconomia da Universidade Federal do Estado do Rio de Janeiro.

Na parte inicial, o primeiro capítulo intitulado "Memórias da Biblioteconomia: a construção sócio-histórica dos saberes e fazeres do profissional de Biblioteconomia", é de autoria de Gabriela Falcão Klein e Alberto Calil Elias Junior. Neste capítulo os autores comentam que

> (...) apesar de ser regulamentada em nosso país desde 1962, **a profissão de bibliotecário ainda é passível de muitos questionamentos por determinada parcela da sociedade**, seja em relação ao seu ofício, ou às suas atribuições. Prioritariamente associada ao objeto "livro" no imaginário popular, o fazer biblioteconômico, bem como os profissionais que atuam na área, muitas vezes são invisibilizados no espaço público. (grifo nosso)

Em seguida, os autores fazem uma indagação: "Afinal, quem são e para que(m) servem esses profissionais?" e explicitam o objetivo do texto, isto é:

> Propõe-se, neste texto, um deslocamento na questão. Mais do que investigar a função, **busca-se também refletir sobre as dimensões sociais, culturais e educacionais das ações destes profissionais e, por extensão, das bibliotecas na sociedade.** (...) busca-se conduzir **o olhar para a formação em Biblioteconomia no país**, a partir das pistas deixadas pelas transformações no primeiro curso, desde sua criação, no início do século XX, sediado na Biblioteca Nacional, até o primeiro quarto do século XXI. (grifo nosso)

Assim, o capítulo apresenta a trajetória da história da Biblioteconomia no Brasil, dividida em sete fases, desde 1879, sob a liderança da Biblioteca Nacional com o pioneiro curso de Biblioteconomia, até 2010, com o Projeto Pedagógico da Graduação de Biblioteconomia na modalidade à distância.

O capítulo pontua

> (...) sobre a "função do bibliotecário" na atualidade implica não apenas na atenção às habilidades individuais de cada profissional, mas, principalmente, na tessitura de olhares que contemplem a pessoa bibliotecária e as bibliotecas como parte integrante de uma determinada conjuntura social, que afeta e é afetada por ela.

Os autores concluem de forma enfática:

> (...) Mais do que trazer respostas fechadas, importa a tessitura de olhares e a colocação do foco nos questionamentos. Para o caso da Biblioteconomia, seus fazeres e saberes, **quais são os modelos de sociedade engendrados pelo fazer biblioteconômico? A quais necessidades a Biblioteconomia responde? É possível falar na garantia de direitos? Direito à leitura, direito à informação, direito à cultura? Para quem?** (grifo nosso)

Com o título "Itinerários da Biblioteca Nacional: Expedições e consolidação de símbolos nacionais sob a gestão de Ramiz Galvão e Manoel Cícero Peregrino da Silva", é de autoria de Caio da Gama Gaudie Ley e Carlos Henrique Juvêncio, o segundo capítulo tem o propósito de

> Compreender o papel da Biblioteca Nacional no cenário das instituições culturais brasileiras implica, também, na compreensão dos movimentos que a inseriram nesse contexto. **A proposta de retratar a história da Biblioteca Nacional como uma série de travessias - movimentos impulsionados por circunstâncias políticas, sociais e ambientais.** (grifo nosso)

E continuando, os autores citam que

> Entre as travessias analisadas, começamos pela investigação dos eventos que antecederam a chegada do acervo da Biblioteca Nacional e seu conturbado estabelecimento no Brasil. Em seguida, focamos nas ações dos diretores Ramiz Galvão e Manoel Cícero

Peregrino da Silva Por fim, abordamos a criação e o desenvolvimento do Curso de Biblioteconomia, entre os períodos de 1911-1922 e 1933-1943, considerando o hiato entre suas duas fases.

No capítulo são comentados os precedentes da vida da Família Real ao Brasil, a mudança em 1808, da Corte portuguesa para o Brasil em decorrência da invasão napoleônica. Somente em 1810, foi feita a transferência da Biblioteca Real para a então colônia. "Em 1821, a corte imperial retornou a Portugal, deixando o príncipe D. Pedro no comando do Brasil." Esse fato teve reflexos, acelerando o processo de separação com Portugal, e, em 7 de setembro de 1822, Dom Pedro I proclamou a independência do Brasil, marcando o fim do domínio colonial. Esta separação foi ratificada pelas duas partes em 29 de agosto de 1825, implicando, porém, reparações financeiras a serem feitas ao Reino Português. Nessas indenizações, a Real Biblioteca (antigo nome da Biblioteca Nacional) "era o segundo item mais caro de toda a negociação (...) refletindo seu valor político e simbólico".

No capítulo são analisadas as ações realizadas na Biblioteca Nacional sob as direções Ramiz Galvão (1870-1882) e por Manoel Cicero Peregrino da Silva (1900-1924) – com destaque para a criação do primeiro curso de Biblioteconomia no Brasil.

O terceiro capítulo, de autoria de Jaqueline Barradas, tem o título "Edificação da Biblioteca Nacional do Brasil (do Carmo à Avenida Central): ocupação física, gestores e processos". No texto, que engloba o período de 1870 a 1912, a autora analisa o processo de planejamento até a instalação da Biblioteca Nacional, desde a primeira sede na rua do Carmo, à atual na Avenida Rio Branco. Este período de 42 anos, cobre as gestões de Ramiz Galvão (1870-1882), indo até a inauguração do novo prédio, dentro da gestão de Peregrino da Silva (1900-1924).

Baseada numa pesquisa documental, bastante original, a professora Jaqueline Barradas

> (...) buscou encontrar dados, fatos e informações sobre os três espaços físicos que abrigaram a Biblioteca ao longo dos 100 primeiros anos (1810-1910): a primeira sede que ocupou, em 1810, o Hospital da Ordem do Carmo; a segunda, instalada em 4 de agosto de 1858 na Rua do Passeio nº 48; e a terceira, inaugurada em 1910, na Av. Rio Branco nº 219-239, endereço em que se mantém até os dias atuais.

A professora Simone R. Weitzel elaborou o quarto capítulo, intitulado "Da Biblioteca Real à Biblioteca Imperial Pública: tesouros e dívidas". Desde os seus primórdios, a Biblioteca Nacional esteve ligada à independência do Brasil considerando que

> As condições para o reconhecimento da Independência do Império do Brasil pelos Reinos de Portugal e Algarves estabelecidos pelo Tratado de Paz e Amizade, de 29 de agosto de 1825, envolveram os termos da aliança perpétua entre ambos, e, especialmente, o ressarcimento de propriedades e de objetos que a Coroa Portuguesa alegava ser de sua posse os quais foram deixadas no Brasil. (...) uma emenda do referido tratado, onde se estabeleceu o valor de 2 milhões de libras esterlinas como indenização a ser paga pelo Império do Brasil à

> Portugal pelas suas propriedades e objetos. (...) Dentre as propriedades e objetos reclamadas ao jovem Império estava a **Biblioteca Real que** (...) **custou 800 contos de reis**. (grifo nosso).

Este capítulo teve por objetivo

> (...) contextualizar o período de transição marcado pelas tratativas para a aquisição da Biblioteca Real pelo Império Brasileiro e seu funcionamento no período entre setembro de 1822 a agosto de 1825.

Entretanto, a autora apontou as enormes dificuldades para o atingimento integral do objetivo proposto devido

> (...) a escassez de documentos que elucidem e comprovem detalhadamente esse episódio histórico que envolve a Independência do país e a biblioteca que originou a formação da Biblioteca Nacional (Brasil). Nesse sentido, a proposta do texto de contextualizar o período de transição marcado pelas tratativas para a aquisição da Biblioteca Real pelo Império Brasileiro e seu funcionamento no período entre setembro de 1822 a agosto de 1825 foi, em parte, bem-sucedida tendo em vista os documentos e literatura disponíveis e sua riqueza de dados.

Sob o título "A Biblioteca Nacional e os desdobramentos do centenário da independência do Brasil", a professora Simone da Rocha Weitzel, autora do quinto capítulo, menciona que

> (...) destacou um dos momentos que envolveu direta ou indiretamente o campo da Biblioteconomia entre 1918

> e 1923 com a participação da Biblioteca Nacional no advento da efeméride do centenário da Independência do Brasil. A Biblioteca Nacional, além de cenário, é também a protagonista dessas narrativas juntamente com os seus bibliotecários.

Entretanto, a tarefa de estudar um período de 100 anos atrás, enfrentou muitas dificuldades, e a autora alerta que

> (...) ainda há muito a ser feito para identificar fontes e elucidar aspectos ainda pouco explorados no campo da história da Biblioteconomia brasileira. (...) Esta estratégia é uma das formas possíveis para contribuir para a elucidação de abordagens históricas e basilares no campo da Biblioteconomia brasileira e, em especial, da Biblioteconomia fluminense.

A efeméride foi um grande e importante evento no contexto brasileiro, especialmente na cidade do Rio de Janeiro.

> (...) A saga da publicação da obra intitulada *Documentos para a história da independência* foi outro ponto destacado que se inicia em 1919 com o seu planejamento e concluída somente em 1923 com a sua publicação. (...) Estes são os principais temas identificados a partir da leitura e análise dos *corpus* aqui representado pelas seguintes categorias e subcategorias expressas nas seções: a) Período que precede a efeméride do centenário da independência na Biblioteca Nacional ao final da Primeira Guerra Mundial e da pandemia da gripe espanhola em 1918; b) A saga da efeméride envolvendo a produção da obra *Documentos para a*

história da independência; c) As mudanças estruturais da Biblioteca Nacional com o novo regulamento de 1922.

Concluindo, a professora Simone Weitzel comenta que

> Como **a Biblioteca Nacional protagonizou, desde o século XIX, as primeiras práticas biblioteconômicas exteriorizadas por meio de seu corpo de funcionários e depois com a instituição do curso de Biblioteconomia,** é possível entendê-las como práticas biblioteconômicas brasileiras consagradas. São histórias contadas e recontadas que precisam de mais pesquisas e de mais acesso aos acervos de memória tratados (públicos e particulares) para elucidar contextos, fatos e acontecimentos ainda não explorados. (grifo nosso)

O sexto e último capítulo da obra, intitulado "A Biblioteca Nacional e o Sesquicentenário da Independência", é de autoria de Alessandra dos Santos Guedes e Simone da Rocha Weitzel. Ele teve como objetivo analisar

> (...) a contribuição da Biblioteca Nacional (Brasil) nas comemorações da efeméride do Sesquicentenário da Independência celebrado em 1972 para, dessa forma, levantar nesse processo alguns fatos marcantes da história do campo da Biblioteconomia ao longo deste período.

Baseado em documentos, as autoras do capítulo ressaltam que

> (...) Três exposições se destacaram ao longo do ano de 1972 por sua relevância temática com a cultura

> brasileira: uma exposição dedicada à efeméride do sesquicentenário da independência do país, uma exposição dedicada ao centenário da obra "Os Lusíadas" e uma exposição dedicada ao livro raro(...)

As autoras enfatizam que

> Ao longo do levantamento, um nome surgiu com frequência nos documentos levantados: **Jannice de Mello Monte-Mor, a primeira mulher e bibliotecária a administrar a Biblioteca Nacional** (BRASIL), que prestamos uma singela homenagem com a descrição de alguns de seus feitos. (...) **Marcada por grandes realizações e parcerias, sua gestão envolveu instituições, agências de financiamento, entre outras**, demonstrando a capacidade de articulação de Jannice Monte-Mor e de lidar com situações e dimensões bastante complexas. (...) O estudo evidenciou como **a Biblioteca Nacional desempenhou papel central**, não apenas como guardiã do acervo histórico, mas também **como agente ativo na promoção da memória e da identidade cultural do Brasil.** Essas iniciativas reforçaram a relevância da Biblioteconomia no campo histórico e cultural, consolidando a instituição como protagonista do campo da Biblioteconomia, assim como na valorização do patrimônio nacional. (grifo nosso)

A obra, publicada em época tão oportuna, é, portanto, uma excelente fonte para o leitor compreender a importância da Biblioteca Nacional e a necessidade de se preservar e divulgar a sua riqueza documental. Ela, portanto, ao nosso ver, não é somente direcionada para os bibliotecários, arquivistas, museólogos, editores de conteúdo digital e historiadores. Ela também pode ser útil para os usuários dos diversos tipos de bibliotecas, arquivos, museus e para pesquisadores e estudiosos que precisam conhecer uma das 10 maiores bibliotecas nacionais do mundo, a maior da América Latina, com acervo de cerca de 10 milhões de itens. Parabéns aos autores pela contribuição que ora vem a lume; faço votos de que ela seja um fator multiplicador das pesquisas relacionadas com tão importante área!

Murilo Bastos da Cunha
Professor Titular aposentado e Pesquisador Sênior
Universidade de Brasília, Faculdade de Ciência da Informação
E-mail: cunhamur@gmail.com

Apresentação

A presente obra é fruto do projeto "Memórias da Biblioteconomia nos 200 Anos da Independência", financiado através do Edital FAPERJ nº 34, lançado em 2021 para apoiar pesquisas no âmbito do Bicentenário da Independência do Brasil. Desenvolvido de modo colaborativo por um grupo de pesquisadores e docentes do Programa de Pós-Graduação em Biblioteconomia da UNIRIO, incluindo Alberto Calil Junior, Bruna Nascimento, Carlos Henrique Juvêncio, Jaqueline Barradas, Mariza Almeida e Nanci Oddone, sob a liderança de Simone Weitzel com a contribuição de estudantes e outros parceiros, o projeto buscou caracterizar de que modo as narrativas em torno da independência se entrelaçaram às efemérides do campo da Biblioteconomia, concorrendo para o sucesso de respeitadas iniciativas culturais e históricas, a exemplo da Exposição Comemorativa do Centenário da Independência, realizada em 1922.

Para comemorar o bicentenário, a equipe aprofundou seus estudos de acordo com diferentes linhas de pesquisa e trouxe à luz os sete textos aqui apresentados, orientados pelas seguintes indagações, formuladas a partir do projeto original: Que eventos definiram a Biblioteconomia brasileira ao longo desses 200 anos? Quais foram os grandes atores que construíram a Biblioteconomia durante o período? Quais foram as grandes batalhas, os obstáculos vencidos e, especialmente, as vitórias que possibilitaram a este nascente e tímido campo profissional prosperar e crescer academicamente junto com o país?

Entre as justificativas que legitimam o desenvolvimento deste projeto encontra-se, em primeiro lugar, o acanhado engajamento da Biblioteconomia com investigações sobre seus marcos históricos e sua consolidação como campo acadêmico. Uma ilustração deste fato são os treze grupos de pesquisa cadastrados no Diretório do CNPq que indicam, em seu nome ou em suas linhas de pesquisa, sua vinculação nominal com a área e seu direto empenho na condução de pesquisas e na decorrente geração de resultados bibliográficos e técnicos. Outra evidência do discreto volume de pesquisas criadas pela área envolve o reduzido número de programas de pós-graduação em Biblioteconomia reconhecidos e recomendados pela Capes: até o momento, existem apenas dois, um na região Sudeste e outro na região Nordeste. Expandir a presença da Biblioteconomia no cenário acadêmico e garantir maior circulação e reconhecimento de seus fundamentos históricos, teóricos e metodológicos tornou-se outra importante motivação dos estudos aqui publicados.

Além disso, uma segunda justificativa revelou-se também urgente: a necessidade de documentar as memórias da área para garantir narrativas mais uniformes e ordenadas da história da Biblioteconomia brasileira, assegurando sua visibilidade e assimilação por parte de profissionais e estudantes que ingressam na área todos os anos, seja através de cursos de graduação e pós-graduação ou por meio de sua admissão em funções formais no mercado de trabalho. Neste sentido, a presente obra representa também um esforço proposital de documentar o testemunho de memoráveis protagonistas do campo visando garantir o acesso a conteúdos e evidências que auxiliem na redução das lacunas e no estímulo a novas pesquisas.

Para alcançar este ponto o projeto "Memórias da Biblioteconomia nos 200 anos da Independência" resgatou estudos, experiências e produções de dois projetos de extensão desenvolvidos na UNIRIO que ofereceram inspiração aos pesquisadores, propondo novos desafios ao refletir sobre o seu próprio campo profissional e acadêmico. O primeiro deles foi o projeto "Exposição 100 anos de Instalação da Primeira Escola de Biblioteconomia do Brasil: 1915-2015 – da Biblioteca Nacional à Universidade Federal do Estado do Rio de Janeiro – Confraria do Centenário". Realizada em 2016, a exposição foi desenvolvida por discentes dos cursos de bacharelado e licenciatura em Biblioteconomia sob supervisão da professora Simone Weitzel, na época Diretora da Escola de Biblioteconomia da UNIRIO[1]. O segundo projeto, que teve várias edições desde 2017 e mantém-se ativo atualmente sob a supervisão do professor Vinicius Tolentino, intitulado "Memórias da Biblioteconomia: documentário sobre egressos, professores e funcionários da Escola de Biblioteconomia da UNIRIO – Confraria do Centenário", deu continuidade às entrevistas com professores, funcionários e egressos, editando-as em vídeos curtos e médios que são divulgados no Canal do Youtube do projeto[2].

---

1 A exposição pode ser visitada ainda hoje por meio de um tour virtual disponível no link: https://www.youtube.com/watch?v=9ntli8xE_so&t=24s.

2 https://www.youtube.com/@memoriasdabiblioteconomia

Por conta de suas características fortemente extensionistas, os resultados obtidos pela presente pesquisa foram inicialmente apresentados e discutidos por seus autores em duas mesas-redondas: 'Itinerários Seculares da Biblioteconomia e da Pessoa Bibliotecária' e 'Narrativas sobre a Biblioteca Nacional e a Independência do Brasil', que compuseram o Seminário online "Memórias da Biblioteconomia nos 200 Anos da Independência", que foi realizado no dia 10 de abril de 2025, mesmo dia e mês em que foram comemorados os 110 anos de funcionamento do Curso de Biblioteconomia da Biblioteca Nacional[3].

É preciso reconhecer que o tema desta pesquisa não se esgota com a publicação desta obra, embora a mesma represente o coroamento de um longo e laborioso percurso, que reflete o desejo de compartilhar o conhecimento enquanto um bem comum, que une os pesquisadores aqui reunidos em nome da consolidação do campo da Biblioteconomia em nosso país. Ao mesmo tempo, espera-se que a obra inspire novos estudos e projetos, de forma a introduzir novas perspectivas para pensar a Biblioteconomia brasileira. Que os frutos aqui semeados gerem novas e promissoras sementes, num ecossistema integrado e dinâmico!

Antes de finalizar é mister registrar os indivíduos e instituições que tornaram esse sonho uma realidade: à toda a equipe do projeto de pesquisa, agradecemos o empenho e a confiança; aos bolsistas FAPERJ Diego Martins Aragão da Silva e Janaina de Oliveira Paulo, assim como à estudante voluntária de iniciação científica da UNIRIO, Alessandra dos Santos Guedes, agradecemos a dedicação

3 Todas as palestras estão disponíveis na página do projeto, https://memoriasdabiblioteconomia.net.br/eventos/, e também no Canal do Youtube: https://www.youtube.com/@memoriasdabiblioteconomia

na coleta e na conferência dos dados que integram os capítulos 5, 6 e 7; à Fundação Carlos Chagas Filho de Amparo à Pesquisa do Estado do Rio de Janeiro (FAPERJ), à Fundação Biblioteca Nacional (FBN) e à Pró-Reitoria de Pós-Graduação, Pesquisa e Inovação (PROPGPI) da UNIRIO agradecemos o irrestrito apoio. Aos futuros leitores, agradecemos a atenção!

Simone R. Weitzel
Nanci Oddone
Mariza Almeida
Bruna Nascimento

Em 25 de maio de 2025

Memórias da Biblioteconomia: a construção sócio-histórica dos saberes e fazeres do profissional de Biblioteconomia[1]

Gabriela Falcão Klein[2]
Alberto Calil Elias Junior[3]

Resumo

O texto discute a situação da profissão de bibliotecário no Brasil, a partir da perspectiva sócio-histórica dos saberes e fazeres do profissional de Biblioteconomia. Propõe uma reflexão sobre as dimensões sociais, culturais e educacionais das ações destes profissionais, destacando a importância do entendimento de suas funções dentro de contextos sociais e históricos. Faz considerações sobre a história da Biblioteconomia no Brasil, com destaque para a aula inaugural do primeiro curso de Biblioteconomia, em 1915, na Biblioteca Nacional, e salienta a relevância desse marco para a formação profissional no país. Destaca também a atual estrutura do curso de Bacharelado em Biblioteconomia na Universidade Federal do Estado do Rio de Janeiro (UNIRIO), oriundo do curso de Biblioteconomia da Biblioteca Nacional. Conclui que refletir sobre a função do bibliotecário, nos dias de hoje, envolve considerar tanto as habilidades individuais dos profissionais quanto a sua inserção em um contexto social que os afeta,

---

1 Parte deste texto é oriunda do trabalho de Conclusão de Curso 'A formação em Biblioteconomia em tempos de 'balbúrdia': cartografia de um percurso discente no curso de Bacharelado em Biblioteconomia na Universidade Federal do Estado do Rio de Janeiro (UNIRIO)', defendido por Gabriela Falcão Klein, em 2022, sob orientação do professor Dr. Alberto Calil Jr., como requisito parcial para a obtenção do grau de Bacharel em Biblioteconomia na Universidade Federal do Estado do Rio de Janeiro (UNIRIO).

2 Bacharel em Biblioteconomia (UNIRIO), Mestre em Educação (UFSC). ID Lattes: http://lattes.cnpq.br/4811133569003628. ORCID: https://orcid.org/0000-0002-8129-6522.

3 Professor Associado IV (PPGB/UNIRIO). Doutor em Ciências Sociais (UERJ). ID Lattes: http://lattes.cnpq.br/9490009776453579.

como também é afetado por eles. Além disso, convida à reflexão sobre de que forma a Biblioteconomia responde às necessidades sociais, como o acesso à leitura, informação e cultura.

Palavras-chave: Memória da Biblioteconomia; Formação em Biblioteconomia; Função do bibliotecário.

Abstract

The text discusses the situation of the librarian profession in Brazil, from the socio-historical perspective of the knowledge and practices of the Librarianship professional. It proposes a reflection on the social, cultural and educational dimensions of the actions of these professionals, highlighting the importance of understanding their functions within social and historical contexts. It makes considerations about the history of Librarianship in Brazil, highlighting the inaugural lecture of the first Librarianship course, in 1915, at the National Library of Brazil, and emphasizes the relevance of this milestone for professional training in the country. It also highlights the current structure of the Bachelor's Degree in Librarianship at the Federal University of the State of Rio de Janeiro (UNIRIO), which originated from the Librarianship course at the National Library. It concludes that reflecting on the role of the librarian today involves considering both the individual skills of the professionals and their insertion in a social context that affects them, as well as is affected by them. Furthermore, it invites reflection on how Library Science responds to social needs, such as access to reading, information and culture.

Keywords: Memory of Library Science; Training in Library Science; Role of the librarian.

1 INTRODUÇÃO

De acordo com o Conselho Federal de Biblioteconomia (CFB) (2022) há, no Brasil, 43.108 profissionais bibliotecários inscritos na autarquia, sendo 19.671 com matrícula ativa. Ainda de acordo com o CFB, o bibliotecário[4] "é um profissional que, cada vez mais, tem sido reconhecido como Agente da Informação" e que "cabe a ele desempenhar a função de gestor da informação, usando as tecnologias de informação e comunicação disponíveis" (Conselho Federal de Biblioteconomia, 2024).

Porém, apesar de ser regulamentada em nosso país desde 1962, a profissão de bibliotecário ainda é passível de muitos questionamentos por determinada parcela da sociedade, seja em relação ao seu ofício, ou às suas atribuições. Prioritariamente associada ao objeto "livro" no imaginário popular, o fazer biblioteconômico, bem como os profissionais que atuam na área, muitas vezes são invisibilizados no espaço público.

Afinal, quem são e para que(m) servem esses profissionais?

Perguntas que são ordinárias, quando alguém se depara com uma pessoa bibliotecária pela primeira vez. As reflexões sobre a função dos profissionais da área também têm feito parte das investigações do campo, em geral, atreladas às funções que emergem desses fazeres. Propõe-se, neste texto, um deslocamento na questão. Mais do que investigar a função, busca-se também refletir sobre

---

4 Optamos por manter a terminologia 'bibliotecário'. No entanto, cabe assinalar a importância da utilização contemporânea do termo, por alguns autores e autoras, de "pessoa bibliotecária", e com a qual concordamos. Quando a referência for aos discursos presentes na literatura ou às designações de entidades profissionais e demais instituições, manteremos conforme os originais.

as dimensões sociais, culturais e educacionais das ações destes profissionais e, por extensão, das bibliotecas na sociedade.

Ortega y Gasset (2006) aponta que, para determinar a missão do bibliotecário, se faz necessário partir "não do homem que a exerce, dos seus gostos, curiosidades ou conveniências, tampouco de um ideal abstrato que pretendesse definir uma vez por todas o que é uma biblioteca" e, sim, da necessidade social da profissão. Esta necessidade "não consiste em uma magnitude fixa, mas é, essencialmente, variável, migratória, evolutiva; em suma, histórica" (Ortega y Gasset, 2006, p. 15). As afirmações de Ortega y Gasset dialogam com o argumento central de Serrai (1975), no texto "História da biblioteca como evolução de uma ideia e de um sistema", de que a biblioteca, enquanto instituição social, é o resultado das transformações sócio-históricas, ou seja, é parte de um processo de construção societária que vai sendo atravessado pelas questões de seu tempo e de seu espaço e que, por extensão, é demandada a responder às necessidades do contexto no qual está inserida.

Nesta perspectiva, um olhar sobre as dimensões sócio-históricas da pessoa bibliotecária requer a utilização de lentes que não se concentrem apenas nas atividades técnicas atribuídas e assumidas pela profissão, mas nos contextos das instituições e dos diversos tempos históricos.

No caso brasileiro, é possível identificar alguns marcos na profissão. Para efeitos das reflexões aqui conduzidas, nossa lente será focada em um "ponto de partida", a aula inaugural do primeiro curso de Biblioteconomia do Brasil, proferida por Constâncio Alves, na Biblioteca Nacional (BN), no ano de 1915.

Para além da relevância desta efeméride para a construção da memória da Biblioteconomia brasileira, destaca-se o contexto de criação de um curso voltado para a formação de profissionais de bibliotecas: primeiro quarto do século XX, na então capital da nascente República, nos anos que antecederam a criação da primeira Universidade Pública do país e alguns anos antes das comemorações do centenário da Independência do Brasil. Nesta atmosfera carregada de determinados símbolos, convergentes para um ideário de Civilização, é que foi criado o primeiro curso de Biblioteconomia do país.

Constâncio Alves intitula sua aula inaugural de "A Função do Bibliotecário", sinalizando na direção do reconhecimento da profissão, como parte do processo civilizatório que estava em curso naquele momento histórico. Um olhar distanciado daquele período histórico demanda algumas questões: a quais modelos de biblioteca a "função do bibliotecário" se adequa? Quais são os propósitos das atividades exercidas pelo bibliotecário? A quais interesses atende? Qual modelo de sociedade a atuação dos bibliotecários engendra? De que forma a profissão é representada no imaginário? Assim, parte-se do entendimento de que a compreensão dos efeitos de uma determinada profissão passa pela necessidade da análise contextual, considerando-se que as bibliotecas, bem como seus atores, são atravessadas e atravessados temporal e geograficamente. Neste sentido, busca-se conduzir o olhar para a formação em Biblioteconomia no país, a partir das pistas deixadas pelas transformações no primeiro curso, desde sua criação, no início do século XX, sediado na Biblioteca Nacional, até o primeiro quarto do século XXI.

2 APONTAMENTOS SOBRE A HISTÓRIA DA BIBLIOTECONOMIA NO BRASIL

Apesar da criação do primeiro curso em Biblioteconomia no país estar situada no início do século XX, é possível identificar a existência de bibliotecas no Brasil Colônia e durante o período Imperial, ainda que seu número fosse muito reduzido. O início do século XIX aponta para uma perspectiva de mudança no cenário, ao menos em âmbito institucional, com a chegada da Biblioteca Real, a criação da Imprensa Régia e a inauguração da primeira Biblioteca Pública do país, na Bahia. E, embora algumas atividades relacionadas às práticas biblioteconômicas já fossem realizadas no Brasil durante este período, ainda não havia, nessas atividades, um maior direcionamento para o desenvolvimento metodológico e profissional relacionados à gestão das bibliotecas existentes (Souza, 2009). Somente algumas décadas mais tarde é que estas práticas começaram, de fato, a serem executadas com maior rigor metodológico.

Sabbag (2013), através de atualizações de estudos anteriormente realizados por Fonseca (s.d.), Mueller (1985) e Weitzel (2009), entre outros, sintetiza a história da Biblioteconomia no Brasil em fases (quadro 1). De acordo com esta proposta, o quartel final do século XIX pode ser considerado o marco inicial deste movimento de maior atenção à biblioteca e ao 'fazer bibliotecário', considerando que é o momento em que a BN, à época sob direção de Benjamin Franklin Ramiz Galvão, passa a oferecer cursos de formação para pessoas que já atuavam em bibliotecas. Os exames contemplavam conhecimentos nas áreas de História

Universal, Geografia, Filosofia, Bibliografia, Iconografia, Literatura, Catalogação de Manuscritos e Traduções do Latim, Francês e Inglês (Fonseca, 1979). Cabe observar que, no entanto, estes cursos ainda não configurariam o que posteriormente seria, de fato, o primeiro curso de Biblioteconomia do país.

Quadro 1 - As fases do ensino de Biblioteconomia no Brasil

Fases	Períodos	Eventos
1ª	1879 – 1929	Liderança da Biblioteca Nacional e influência francesa.
2ª	1929 – 1962	Influência do novo curso do Instituto Mackenzie (SP), em São Paulo, inspirado no modelo norte-americano.
3ª	A partir de 1962	Uniformidade dos cursos desenvolvidos a partir dos currículos mínimos.
4ª	Década de 1970	Fortalecimento dos cursos, descontentamento em relação aos currículos mínimos, influência das tecnologias, aparecimentos dos cursos de pós-graduação.
5ª	1982 – 2000	Novo currículo mínimo e reformulação dos programas de ensino.
6ª	2001 – 2009	Nova concepção da matriz curricular
7ª	2010 -	Projeto Pedagógico da Graduação de Biblioteconomia na modalidade à distância, elaborado pelo Ministério da Educação (Coordenação de Aperfeiçoamento de Pessoal de Nível Superior – CAPES, Universidade Aberta do Brasil – UAB) e Conselho Federal de Biblioteconomia (CFB).

Fonte: Sabbag (2013)

Apesar da existência do movimento inicial, mencionado por Sabbag (2013) na fase 1, Souza (2009) pondera que, ainda que já existissem um certo quantitativo de bibliotecas espalhadas pelo país, no início do século XX, até aquele momento não havia um movimento bibliotecário "com características dinâmicas": o que se observava era que, na maioria dos casos, as bibliotecas eram compostas a partir de coleções restritas e que, além disso, estes espaços eram, no geral, desprovidos de pessoal minimamente apto para a realização de um trabalho junto ao público.

O primeiro curso de Biblioteconomia brasileiro foi criado pela Biblioteca Nacional, em 1911, a partir do Decreto-lei nº 8835, que estabeleceu o primeiro regulamento da instituição. De acordo com o Artigo 9º deste decreto, era competência do Diretor Geral da Biblioteca "approvar com ou sem alteração os programas annuaes do curso de biblioteconomia, estabelecer horario para a sua execução, resolver sobre a necessidade de argumentar o numero de aulas e presidir os respectivos exames" (Annaes da Bibliotheca Nacional, 1911). O curso foi implementado na gestão de Manoel Cícero Peregrino da Silva, diretor da Biblioteca Nacional entre os anos de 1900 e 1924, e foi baseado no modelo humanista da École Nationales des Chartes, criada na França, no século XIX. A inspiração no modelo francês, para além das questões técnicas relacionadas à prática profissional, alude a carga simbólica do processo civilizatório, em que a cultura francesa operava como um dos principais signos da civilização. Para o então diretor da BN, a "honestidade" deveria ser considerada uma condição fundamental para o exercício da profissão; porém, esta característica não é o suficiente, ao passo que "é indispensavel estar verdadeiramente compenetrado da noção do dever, sem a qual os cargos são sinecuras e as bibliothecas lugares de ocio", e que "a ausência dessa noção clara e precisa causa os maiores desastres" (Silva, 1913).

As atividades letivas do curso de Biblioteconomia foram efetivamente iniciadas apenas quatro anos mais tarde, em 1915. O curso tinha duração de um ano e era formado pelas disciplinas de Bibliografia (composta por Catalogação, Classificação, Organização e Administração de bibliotecas), Iconografia, Paleografia e Diplomática, e Numismática. Como forma de ingresso, os alunos deveriam ser submetidos a um exame de admissão, além de, obrigatoriamente, ter concluído a formação em Humanidades (Biblioteca Nacional, 2021).

No dia 10 de abril de 1915, foi realizada a aula inaugural do curso, com palestra proferida por Constâncio Alves (figura 1), bibliotecário-diretor da Seção de Impressos. A mesa que presidiu a solenidade foi composta por João Gomes do Rego (sub-bibliotecário diretor da seção de numismática); Constâncio Alves (bibliotecário diretor da 1ª seção); Ruy Barbosa (conselheiro); Manoel Cícero Peregrino da Silva (diretor da Biblioteca Nacional); Aurélio Lopes de Souza (bibliotecário diretor da 3ª seção); Alfredo Mariano de Oliveira (secretário) (figura 2).

Figura 1 – Constâncio Alves, no momento da leitura de sua lição inaugural do curso de Biblioteconomia da Biblioteca Nacional.

Fonte: O Sr. Constancio Alves ... ([1915]).

Figura 2 – Solenidade da Inauguração do Curso de Biblioteconomia em 1915[5]

Fonte: Mesa que presidiu à solenidade da inauguração do curso de biblioteconomia (1915).

Cabe frisar que, de acordo com Souza (2009), o projeto de implementação e formação do curso de Biblioteconomia no Brasil, nas duas primeiras décadas do século XX, não buscava realizar nenhum tipo de transformação da sociedade mas, sim, corroborar para a consolidação de um projeto da elite dominante, bem como estruturar a BN para deixá-la em condições comparáveis às bibliotecas mais importantes da Europa, enquadrando-se, desta

5 Composição da mesa que presidiu a solenidade da inauguração do curso de Biblioteconomia na Biblioteca Nacional. Da esquerda para a direita: João Gomes do Rego (sub-bibliotecário diretor da seção de numismática); Constâncio Alves (bibliotecário diretor da 1ª seção); Ruy Barbosa (conselheiro); Manoel Cícero Peregrino da Silva (diretor da Biblioteca Nacional); Aurélio Lopes de Souza (bibliotecário diretor da 3ª seção); Alfredo Mariano de Oliveira (secretário).

forma, na construção de um projeto de nação, cujo carro-chefe era a ideia de "Civilização".

O final dos anos 1920 marca o começo da segunda fase da história do ensino de Biblioteconomia no Brasil, quando o Instituto Mackenzie, em São Paulo, deu início a um curso de Biblioteconomia fortemente orientado pelo modelo estadunidense, de vertente mais tecnicista, em contraponto àquele ofertado pela Biblioteca Nacional. Em relação a este período, Souza (2009) argumenta que a influência norte-americana no Brasil, cada vez mais crescente, também operou em relação à Biblioteconomia, visto que o "pragmatismo dos Estados Unidos da América embriagava os intelectuais brasileiros que visitavam ou estudavam naquele país" (Souza, 2009, p. 54). Weitzel (2009) e Sabbag (2013) mencionam que esta mudança de modelo, operada através da adoção de uma orientação mais pragmática e tecnicista, foi decisiva para o ensino de Biblioteconomia no país, pois, inclusive, impulsionou a reforma do curso da BN, em 1944. Weitzel (2009, p. 13) destaca que, "no entanto, em se tratando do curso original da BN (...) a mudança não foi acompanhada da transição teórica da linha francesa para a norte-americana" e, por isso, "esta talvez seja uma das razões pelas quais hoje seja possível identificar lacunas teórico metodológicas" (Weitzel, 2009, p. 13).

A partir da terceira fase, ocorreram mudanças em relação aos currículos mínimos, à ampliação do ensino de Biblioteconomia, seja a partir da maior oferta de cursos de graduação, ou da criação de cursos de pós-graduação (o primeiro foi o do Instituto Brasileiro de Informação em Ciência e Tecnologia (IBICT), em 1970), além do surgimento e fortalecimento de eventos, como o Congresso Brasileiro de Biblioteconomia e Documentação (CBBD), nos anos

1950, e também de pesquisas na área de educação bibliotecária. Uma destas pesquisas, organizada por Nice Figueiredo (1978) é 'O ensino de Biblioteconomia no Brasil', um panorama acerca do *status quo* das escolas de Biblioteconomia e Documentação do país naquele momento histórico, e traz discussões e propostas que possam contribuir para a ampliação das oportunidades no ensino de Biblioteconomia no Brasil. Um dos pontos levantados em seu trabalho diz respeito à dificuldade das escolas pesquisadas em saber a origem dos alunos e a situação dos seus egressos, e que esses dados "deveriam constar dos registros da escola, pela importância de que se revestem para o estabelecimento e revisão contínuas das metas e objetivos da escola" (Figueiredo, 1978, p. 37).

O Brasil terminou o século XX com 32 instituições de ensino superior, sejam elas públicas ou privadas, ofertando o curso de graduação em Biblioteconomia.

É possível fazer uma atualização no quadro proposto por Sabbag (2013), em relação à sétima fase (a implementação do curso de Biblioteconomia na modalidade à distância (EaD) em universidades públicas brasileiras), trazendo dados referentes à última década. De acordo com informações do Ministério da Educação (Brasil, 2022), atualmente existem 63 cursos de Bacharelado em Biblioteconomia em atividade cadastrados no Brasil, nas modalidades presencial ou à distância, e esta última é oferecida pelas seguintes universidades públicas: Universidade Federal de Rio Grande (FURG), Universidade do Estado de Santa Catarina (UDESC), Universidade Federal da Bahia (UFBA), Universidade Federal Fluminense (UFF), Universidade Federal do Pará (UFPA), Universidade Federal do Rio Grande do Sul (UFRGS),

Universidade Federal de Sergipe (UFS) e Universidade Federal do Estado do Rio de Janeiro (UNIRIO). Existe, também, a oferta do curso de Biblioteconomia na modalidade à distância por faculdades e centros universitários particulares.

Mas, apesar de estar presente em todos os estados brasileiros, seja em instituições de ensino superior públicas ou privadas, Dangelo (2018) verificou que os estados do Acre, Roraima, Tocantins e Amapá não possuíam cursos de graduação em Biblioteconomia presenciais, dispondo apenas com a possibilidade de cursos na modalidade à distância. A autora também chama a atenção para o fato de que, apesar de o programa de Reestruturação das Universidades Federais (REUNI) ter proporcionado um maior acesso às vagas no ensino superior e criado não apenas novas universidades, bem como novos *campi* de instituições já existentes, é problemático o fato de não existir – no momento de sua pesquisa – cursos de graduação em Biblioteconomia, em universidades públicas, em pelo menos nas capitais de cada estado do Brasil. De acordo com a autora, tal situação é preocupante, pois "permitir que o ensino esteja apenas sob responsabilidade do setor privado é deixar margem para que, dado o interesse econômico do momento, um curso universitário seja oferecido ou não" (Dangelo, 2018, p. 42).

As questões apresentadas por Dangelo (2018) são muito pertinentes, à medida em que mostram pontos de fragilidade na oferta do curso de Biblioteconomia no Brasil. Mas, para além destes pontos fracos, consideramos importante ponderar que, em relação às concepções e objetivos, é possível que existam diferenças basilares entre as instituições de ensino superior públicas e privadas. Diante disso, entendemos que não se trata apenas de possibilitar ou não a oferta de um determinado curso de graduação (no caso, o de Bacharelado em Biblioteconomia), mas também quais são a missão e as diretrizes propostas pelas instituições de ensino, de que maneira elas podem impactar na formação dos estudantes e, posteriormente, na sua prática profissional.

Além dos componentes acima citados, é possível destacar também o tripé ensino, pesquisa e extensão, que faz parte da missão da Universidade Pública e que atravessa a formação dos/das estudantes, construindo possibilidades dialógicas entre os processos de qualificação dos profissionais de Biblioteconomia e as questões sociais, culturais e históricas que afetam as bIbliotecas e suas comunidades.

3 A ESCOLA DE BIBLIOTECONOMIA DA UNIRIO: do curso de Biblioteconomia da Biblioteca Nacional aos dias de hoje

A Escola de Biblioteconomia da Universidade Federal do Estado do Rio de Janeiro (UNIRIO) é oriunda do curso de Biblioteconomia da Biblioteca Nacional, e foi criada em 1969, no contexto da formação da Federação das Escolas Isoladas do Estado da Guanabara (FEFIEG)[6], através do decreto nº 773, de 20 de agosto de 1969 (Dias; Placer; Villar, 2015). Atualmente, os cursos de graduação ofertados pela Escola de Biblioteconomia da

6 Após a fusão dos Estados da Guanabara e do Rio de Janeiro em 1975, a antiga Fefieg passou a se chamar Federação das Escolas Federais Isoladas do Estado do Rio de Janeiro (Fefierj). Em 1979, a Fefierj foi oficialmente institucionalizada como Universidade do Rio de Janeiro (UNIRIO) pela Lei nº 6.655/1979. Depois, em 2003, o nome foi alterado para Universidade Federal do Estado do Rio de Janeiro, mas a sigla UNIRIO foi mantida (Lei nº 10.750/2003).

UNIRIO são os de Bacharelado (matutino, noturno e à distância) e Licenciatura (noturno). A cada ano, ingressam 200 alunos no curso de Bacharelado, sendo 100 estudantes no matutino e 100 estudantes no noturno. A carga horária total do curso é de 3095 horas, compostas por 2025 horas de disciplinas obrigatórias, 540 horas de disciplinas optativas, 300 horas de estágios supervisionados (divididos em 4 componentes curriculares), 30 horas para Trabalho de Conclusão de Curso e 200 horas de atividades complementares. O prazo mínimo para integralização da carga horária é de 8 semestres, e o máximo é de 14 semestres.

A Escola de Biblioteconomia (EB) também atua na Pós-graduação, desde 2012, através da oferta do curso de Mestrado profissional. O curso tem 24 meses de duração e é composto por três linhas de pesquisa: Organização do Conhecimento, Tratamento da Informação e Práticas Infocomunicacionais; Comunicação Científica, Ciência Aberta e Estudos Métricos; e Gestão, Inovação e Práticas Sustentáveis em Biblioteconomia. A carga horária mínima é de 570 horas, divididas entre disciplinas obrigatórias, optativas e referentes às atividades de elaboração do trabalho final. Em dez anos de atuação, o Programa de Pós-Graduação em Biblioteconomia concedeu o grau de mestre a 150 profissionais. Por se tratar de um Mestrado profissional, não há a oferta de bolsas de pesquisa por órgão agenciadores, como CNPq e CAPES. (Escola de Biblioteconomia, 2022).

O curso de Bacharelado em Biblioteconomia da UNIRIO está dividido em 3 eixos curriculares: Biblioteconomia em Memória, Patrimônio e Cultura (Eixo I); Biblioteconomia em Ciência e Tecnologia (Eixo II) e Biblioteconomia para Gestão da Informação em Organizações (Eixo III). Os alunos devem optar por um dos eixos oferecidos pela EB e, a partir desta escolha, cursar as disciplinas que integram cada um deles.

O Eixo I enfatiza um corpus de conhecimento voltado para o desenvolvimento de atividades biblioteconômicas nas instituições de memória e cultura, visando à educação, no que diz respeito à organização, tratamento e gestão de registros do conhecimento e sua disseminação para a sociedade, bem como para a preservação da memória, do patrimônio e da cultura locais e nacionais. As disciplinas específicas do Eixo I são: História e Bibliografia Literárias I, História e Bibliografia Literárias II, Informação, Memória e Documento, Tecnologias de Reprodução e Armazenamento de Documentos, Sentido e Forma da Produção Artística I e Políticas de Preservação do Patrimônio Bibliográfico (Escola de Biblioteconomia, 2022).

O Eixo II tem como foco o conhecimento direcionado ao desenvolvimento de atividades biblioteconômicas na esfera das unidades de informação especializadas no conhecimento técnico, científico, tecnológico, para a inovação e desenvolvimento de instituições científicas, acadêmicas e industriais. As disciplinas específicas do Eixo II são: Análise da Informação, Comunicação, Comunicação Científica, Filosofia da Ciência e da Tecnologia, Organização de Conceitos em Linguagens Documentárias e Técnicas de Recuperação e Disseminação da Informação (Escola de Biblioteconomia, 2022).

O Eixo III enfatiza o conhecimento voltado para o desenvolvimento de atividades de gestão biblioteconômica no âmbito das unidades de informação de organizações, com foco no tratamento da informação e na organização e gestão do conhecimento para corporações produtoras de bens e serviços. As disciplinas específicas do Eixo III são: Análise da Informação, Biblioteconomia Digital, Gestão Estratégica da Informação e do Conhecimento, Organização de Conceitos em Linguagens Documentárias, Redes e Sistemas de Informação e Técnicas de Recuperação e Disseminação da Informação (Escola de Biblioteconomia, 2022).

No ano de 2021, a Escola de Biblioteconomia passou a oferecer o curso de Bacharelado em Biblioteconomia, modalidade à distância, em parceria com o Centro de Ciências e Educação Superior à Distância do Estado do Rio de Janeiro (CECIERJ). Este curso está organizado em oito semestres, com carga horária total de 2.895 horas, e é composto por oito Eixos Temáticos: Módulo Básico, Fundamentos Teóricos da Biblioteconomia e da Ciência da Informação, Organização e Representação da Informação, Recursos e Serviços de Informação, Políticas e Gestão de Ambientes de Informação, Tecnologias de Informação e de Comunicação, Pesquisa em Biblioteconomia e Ciência da Informação, Estágios e Atividades Complementares. Os pólos estão localizados em Belford Roxo, Bom Jesus do Itabapoana, Campo Grande, Miguel Pereira e Piraí, todos no estado do Rio de Janeiro (Prudêncio, 2022).

O projeto político-pedagógico da Escola de Biblioteconomia (2010, p. 40) declara que o profissional graduado "está apto a atuar em projetos sociais, educacionais, culturais e na democratização da informação". Além disso, deve ser capaz de "contribuir para o progresso de pesquisas para o desenvolvimento do país e também oferecer suporte informacional para empresas e organizações no contexto globalizado" (Escola de Biblioteconomia, 2010, p. 50). Quanto às diretrizes curriculares, é possível perceber que elas se identificam com as orientações de uma educação de base humanista ("formar um profissional comprometido com a melhoria da qualidade de vida da sociedade, entendendo o Homem como um todo"), conforme linha educacional validada pela UNIRIO, buscando assegurar que:

> a formação profissional se efetive não só pelo conhecimento atualizado da área de Biblioteconomia e de seus instrumentos de trabalho, mas, *prima facie*, pela compreensão da natureza bio-psíquico-social do homem, do ambiente natural e cultural de sua preservação, na perspectiva do aprimoramento do ser humano. (Escola de Biblioteconomia, 2010, p. 40).

Em relação ao quantitativo de profissionais formados no curso de Biblioteconomia, realizado através do levantamento dos egressos do Curso de Biblioteconomia da Biblioteca Nacional, da Federação das Escolas Isoladas do Estado da Guanabara (FEFIEG), Federação das Escolas Federais Isoladas do Estado do Rio de Janeiro (FEFIERJ) e Universidade Federal do Estado do Rio de Janeiro (UNIRIO), estima-se que cerca de 4078 profissionais tenham se graduado entre os anos de 1915 e 2015 (Moura, Dahás e Weitzel, 2016)[7]. De acordo com a direção da Escola de Biblioteconomia (2022), 204 novos profissionais foram diplomados entre os anos de 2016 e 2021, sendo 84 discentes no Bacharelado matutino, 111 discentes no Bacharelado noturno e 9 na Licenciatura. Atualizando

7 O documento traz, em sua apresentação, algumas dificuldades enfrentadas para a obtenção do número de egressos do curso com a maior exatidão possível. Ainda assim, a realização desta pesquisa deve ser amplamente celebrada, pois realiza um resgate da memória institucional e é também uma potente fonte de informação para o desenvolvimento de pesquisas futuras (não apenas) sobre este tema.

as informações de Moura, Dahás e Weitzel (2016), é possível inferir que cerca de 4282 profissionais se formaram ao longo de pouco mais de um século de atuação do curso de Biblioteconomia – da Biblioteca Nacional à UNIRIO.

4 O FAZER BIBLIOTECÁRIO

Apesar de estar regulamentada no Brasil desde 1962, a profissão "bibliotecário" ainda levanta questões e dúvidas sobre suas funções e responsabilidades, conforme já mencionado na introdução deste texto. Nesta seção, vamos revisitar essas indagações, propondo algumas reflexões relacionadas ao "fazer bibliotecário".

a) Afinal, quem são, de fato, esses profissionais e qual é a sua função na sociedade?

Melot (2019, p. 9) menciona que "o bibliotecário ama livros, assim como o marinheiro ama o mar" e ressalta que, embora o marinheiro (e, por analogia, o bibliotecário) não precise ser um nadador excepcional, é essencial que saiba navegar e, mais importante, que compreenda que as maiores distâncias não são percorridas a nado. Ou seja, é crucial que ele saiba utilizar os recursos adequados para exercer as suas atividades com competência. Já a 'função bibliotecária' ainda pode gerar dúvidas em relação a sua gama de atuação, como é possível observar a partir de comentários em perfis da rede social Instagram, como no 'Santa Biblioteconomia' (2022) (figura 3), especializado em conteúdos referentes à profissão.

Figura 3 – 1º de abril

Fonte: Adaptado de Santa Biblioteconomia (2022).

Em contrapartida (ou corroborando?) ao que tem sido escrito e pensado sobre "o que é um bibliotecário", há uma relativa quantidade de blogs, canais no Youtube, posts de perfis nas redes sociais e também pesquisas acadêmicas, como a de Jacobsen (2010), que trazem a questão da figura do profissional de Biblioteconomia na ficção literária, audiovisual, etc. No campo da ficção, é possível destacarmos, dentre outras possibilidades, os bibliotecários Malaquias de Hildesheim e Bérenger d'Arundel, de 'O nome da Rosa' (Eco, 1983), que não permitiam o acesso de nenhuma pessoa à biblioteca do mosteiro; a bibliotecária Margareth Gesner, responsável por manter a ordem e silêncio absolutos na biblioteca da animação 'Universidade Monstros' (Pixar, 2013); ou então o Bibliotecário Cabelo Assustado, de 'Como treinar o seu dragão' (Cowell, 2010), sempre disposto a não atender seus usuários e a expulsá-los da Biblioteca Pública dos Cabeças-ocas.

Nestes exemplos, e entre tantos outros possíveis, conforme aponta Jacobsen (2010), é possível verificar que óculos de grau, coque nos cabelos, um certo desalinho na vestimenta, mau humor e dedo em riste, próximo à boca, pedindo silêncio, provavelmente fazem parte da imagem que as pessoas, em geral, têm do profissional que atua (não apenas) em bibliotecas. Para além destes exemplos negativos, é possível destacar também profissionais bibliotecários como Crispino que, em 'Um general na biblioteca' (Calvino, 1985), mostra-se exímio (não apenas) na prática do serviço de referência, ao indicar novas leituras aos militares que haviam instaurado um inquérito na biblioteca de Panduria.

Saindo da esfera da ficção, os questionamentos permanecem: "mas é preciso estudar para guardar livros na estante?", "sabia que, com a tecnologia, as bibliotecas vão terminar?", "como assim, você ainda não leu todos os livros da biblioteca?", também são perguntas que podem surgir, seja para alunos ou profissionais de Biblioteconomia, quando mencionam a profissão, e conforme nos mostrou a figura 3.

Souza (2009) nos convida a refletir sobre o alcance do domínio biblioteconômico que, segundo ele, só pode ser entendido "quando a profissão bibliotecária é compreendida como um sistema em evolução, um cosmos em expansão, resgatando-se daí as características que estabelecem sua identidade". E esta característica, por conseguinte, "se encaixa na definição de múltiplos serviços, na medida em que seja evidente a permanência da identidade básica dos conhecimentos próprios desse profissional" (Souza, 2009, p. 17).

b) Qual seria esta "identidade básica"?

Melot (2019, p. 132), ainda que corrobore com algumas ideias trazidas por Souza (2009), chama a atenção para o fato de que os profissionais de Biblioteconomia, para serem capazes de responder "a buscas tão diversas, às vezes tão confusas ou tão desesperadas, precisaria de qualidades incontáveis, que se harmonizassem num vasto conhecimento". Mas, de acordo com ele, "o bibliotecário ideal não pode existir, pelo menos não num único ser humano. Ser bibliotecário, portanto, não é um ofício, como não o é ser sábio. É antes um estado, um complexo" (Melot, 2019, p. 132). E, se 'o bibliotecário', este ser complexo, não existe, ele pode ser encontrado em pessoas introvertidas e extrovertidas, atentas e distraídas, rotineiras e aventureiras. O autor afirma, ainda, ser uma vantagem dessa profissão não se reduzir a apenas uma função, e isso permite uma 'transformação' por parte deste profissional (Melot, 2019).

Souza (2004, p. 95), ao trazer a discussão para o cenário brasileiro, pondera que "surgem novos discursos sobre as relações sociais e sobre os fazeres, especialmente nos países agora chamados de economicamente "emergentes", como é o caso do Brasil", e isto causa, como efeito, "'um assustador estonteamento' sofrido por parte de alguns conjuntos de pessoas atreladas a certos papéis socialmente atribuídos como profissões sobre o seu lugar de atuação neste novo espaço deste tempo recente". Com o exponencial avanço das tecnologias de informação, por exemplo, levantou-se um debate sobre uma possível modificação do nome do profissional "bibliotecário" para "cientista da informação" ou "profissional da informação". Loureiro e Januzzi (2005, p. 142) argumentam que "não adianta mudar a denominação de uma classe profissional sem que se mude, de fato, a postura e a atuação de seus profissionais" e que, além disso, "um grupo profissional precisa possuir uma história e uma tradição para poder ser reconhecido pela sociedade e garantir sua identidade como classe profissional". Porém, "esse comportamento não descarta a oportunidade de aprender e de adaptar-se ao novo, como às tecnologias" (Loureiro; Januzzi, 2005, p. 142).

Já Souza (2004) defende que esta possível modificação não seria apenas uma questão de ordem semântica. O autor argumenta que, na prática, as tecnologias adotadas em/por todos os segmentos da sociedade apenas facilitam as ações que atuam otimizando resultados, reduzindo custos, mas de maneira que não sejam modificadas as razões de ser da execução "de todo papel profissional, que é dar um atendimento satisfatório a uma demanda humana", seja de forma direta, para as pessoas, ou indireta, por meio das organizações às quais fazem parte (Souza, 2004, p. 95).

Mas, na prática, isso nem sempre ocorre: não é incomum o cenário em que as vagas para o cargo de bibliotecário sejam preenchidas por pessoas com formação em outras áreas do conhecimento, que não a Biblioteconomia. Isso é especialmente visível, por exemplo, em bibliotecas escolares, onde professores ou pedagogos acabam assumindo funções que deveriam ser desempenhadas exclusivamente por profissionais de Biblioteconomia, apesar da existência da Lei nº 1244/2010, que dispõe sobre a universalização das bibliotecas escolares no Brasil. De acordo com esta lei, torna-se obrigatório a toda escola ter a presença de uma biblioteca e, a toda biblioteca, um profissional de Biblioteconomia responsável por ela (Brasil, 2010). O prazo para a adequação das instituições a esta lei seria de dez anos (ou seja, no ano de 2020), mas foi prorrogado, devido à pandemia de Covid-19.

No que diz respeito aos estudantes de Biblioteconomia, Souza (2004, p. 102) considera que estes estariam sentindo uma espécie de "ruptura de uma percepção de estabilidade" daquilo que abrange ou delimita o que diz respeito à atuação profissional, seja como "seu espaço no mundo objetivo" ou "como seu capital intelectual futuro". Esta ruptura, segundo Souza (2004), pode ser sentida de forma mais vertiginosa quanto mais complexo for o quadro socioeconômico da região onde o aluno se insere. Além disso, também pode ter muitas frentes, como o discurso de profissionais que, porventura, perdem o emprego à medida em que procedimentos automatizados passam a ser incorporados pelo setor onde atuam, e eles não conseguem se adaptar às novas modalidades de instrumentação; ou mesmo a escassez de oferta de empregos "com contratos duradouros" para os recém-graduados.

No Brasil, uma parcela significativa das vagas para o exercício da profissão está concentrada no serviço público. Esta característica levanta algumas questões, dentre as quais: a Biblioteconomia é uma carreira de Estado? Pode-se, ao menos, aferir a existência de uma intencionalidade na valorização das bibliotecas em nossa sociedade, que, infelizmente, não vem se refletindo no cotidiano, tendo em vista a baixa valorização dos profissionais e a sazonalidade no preenchimento das vagas existentes no serviço público.

Esta possível incongruência sobre o que é/para que(m) serve este profissional também está presente nas considerações trazidas por Milanesi (1989) quando defende as bibliotecas como sendo instrumentos de educação, de cultura e a serviço da coletividade, e realiza uma crítica ao caráter excessivamente tecnicista nos currículos dos cursos de Biblioteconomia, onde fica exposta a enorme fratura entre as disciplinas 'técnicas' e as 'culturais'. O autor propõe, ainda, a construção de "pontes" que unam as práticas biblioteconômicas e a cultura, e afirma que, antes de tudo, os cursos de Biblioteconomia deveriam responder à questão: "por que bibliotecas?" para, a partir daí, poderem atuar na formação daquilo que ele chama de "bibliotecários necessários" (Milanesi, 1989, p. 126).

Como podemos ser, de fato, "bibliotecários necessários", sobretudo em um contexto de constante 'remodelação' da profissão? Este questionamento aparece, de certa forma, na prova do concurso público para o cargo de Técnico Universitário Superior – Bibliotecário, da Universidade Estadual do Rio de Janeiro (UERJ) (figura 4), em 2022. Na questão 46, foi perguntado aos candidatos sobre o foco de atuação do 'moderno bibliotecário'.

A resposta correta, segundo o gabarito oficial, é a letra A ("usuário").

Figura 4 – Foco de atuação do moderno bibliotecário

46) A literatura tem evidenciado a necessidade da revisão dos limites de atuação do profissional bibliotecário e a importância da adequação de seus conhecimentos, por meio do desenvolvimento constante de novas habilidades e competências. Portanto, o moderno bibliotecário atua com foco:

a) no usuário
b) nas coleções
c) na informação
d) na unidade de informação

Fonte: CEPUERJ (2022).

Castrillón (2011) alega que os profissionais de Biblioteconomia devem estar atentos às mudanças "formativas e vocacionais" necessárias para que um bom trabalho possa ser feito, independentemente do local onde atuem, e elenca cinco qualidades essenciais para o sucesso desta missão. Para a autora, alguns predicados são essenciais para quem exerce a profissão de bibliotecário :

> 1) deve ser um leitor crítico e reflexivo, que seja leitor da realidade e que leia livros que o ajudem a ler a realidade apresentada, pois "todas as ações que conduzam a biblioteca a se tornar uma instituição que contribua para a mudança passam pela leitura", pois "sem ela é inconcebível um projeto que pretenda fazer da biblioteca um instrumento a serviço da democracia.
> 2) não deve se sentir inibido para escrever, já que "a escrita é necessária para que ele possa pensar e colocar em ordem suas ideias, registrando e comprovando o seu trabalho, comunicando a outros sua experiência". Escrever pode, inclusive, aumentar a confiança também a segurança em si mesmo."
> 3) deve ser curioso, "com desejos de explorar e pesquisar (...) de buscar novas mudanças e soluções", ainda que ele não seja, necessariamente, um pesquisador.
> 4) deve ser bem informado, "para o qual não seja suficiente a informação que lhes oferece os meios de comunicação" e
> 5) deve ser mais do que um profissional eficiente: deve se assumir como um ser ético que tenha a capacidade de "'comparar, de avaliar, de intervir, de escolher, de decidir, de romper'" (Freire, 1997, p.32). (Castrillón 2011, p.46-48)

c) Por que bibliotecas?

A partir do cenário aqui traçado e dos autores com os quais dialogamos, com vistas ao debate sobre a formação e a prática profissional da pessoa bibliotecária, cabe uma vez mais retomar o questionamento formulado por Milanesi, na década de 1980. Naquele momento, o autor colocava a importância da pergunta: "Por que bibliotecas?". O questionamento abre caminhos para os debates sobre a formação e sobre o fazer da pessoa bibliotecária na contemporaneidade. Ao trazer a questão "por que bibliotecas?", o autor nos alerta para a necessidade de considerar o contexto nas formulações sobre a teoria e as práticas biblioteconômicas. Nesse sentido, cabe acrescentar outra questão, de suma importância para o olhar sobre a práxis bibliotecária: Qual é o modelo de sociedade engendrado pela atual formação em Biblioteconomia?

5 CONSIDERAÇÕES FINAIS

Refletir sobre a "função do bibliotecário" na atualidade implica não apenas na atenção às habilidades individuais de cada profissional mas, principalmente, na tessitura de olhares que contemplem a pessoa bibliotecária e as bibliotecas como parte integrante de uma determinada conjuntura social, que afeta e é afetada por ela. No tradicional texto "A missão do Bibliotecário", Ortega Y Gasset, na palestra de abertura do Segundo Congresso Mundial de Bibliotecas e Bibliografia, sediado na Espanha, em 1935, período em que a Europa vivenciava os movimentos de guerra, o autor destaca a relação dialética entre a "missão individual" e a "missão profissional". Em uma Europa em guerra, em que o ideal de civilização estava prestes a ser quase suplantado pela barbárie no seio do mundo civilizado, a reflexão sobre quais são os modelos de sociedade engendrados pelas profissões surge como uma questão necessária.

Guardando-se as devidas proporções, ao analisarmos a conjuntura contemporânea, aponta-se para a relevância do debate sobre a pessoa bibliotecária, sua formação e seu lugar na sociedade. Em um contexto de múltiplas crises, somos colocados diante de nossos marcos civilizatórios – como, por exemplo, o conjunto de instituições responsáveis pela memória do país, dentre as quais destacamos as Bibliotecas e Centros de Documentação – e instados ao aprofundamento dos debates, de um lado, sobre as transformações nas práticas e na formação das pessoas bibliotecárias e, de outro, nos efeitos destas práticas para os territórios e para as comunidades em que as bibliotecas se localizam e, por conseguinte, nos saberes e fazeres construídos a partir das bibliotecas e das práticas dos profissionais que lá atuam.

Nesta perspectiva, a análise da trajetória da formação em Biblioteconomia no Brasil e de algumas de suas transformações, desde a sua inauguração na Biblioteca Nacional, no início do século XX, aponta na direção de indícios sobre os saberes e os fazeres biblioteconômicos na contemporaneidade, resultado de determinados processos históricos – cujos alguns aspectos foram aqui pautados, bem como nas trilhas de algumas pistas sobre os questionamentos centrais nas reflexões aqui produzidas. Mais do que trazer respostas fechadas, importa a tessitura de olhares e a colocação do foco nos questionamentos. Para o caso da Biblioteconomia, seus fazeres e saberes, quais são os modelos de sociedade engendrados pelo fazer biblioteconômico? A quais necessidades a Biblioteconomia responde? É possível falar na garantia de direitos? Direito à leitura, direito à informação, direito à cultura? Para quem?

REFERÊNCIAS

[O Sr. Constancio Alves, bibliotecário-diretor da Seção de Imprensa, na Biblioteca Nacional, lendo da tribuna da sala de conferência, em 10 de abril de 1915, a sua primeira lição, que foi ao mesmo tempo a lição inaugural do curso de Biblioteconomia instituído nessa repartição pela reforma de 1911]. [Rio de Janeiro, RJ]: [s.n.], [1915]. 1 Foto, gelatina, pb, 15,5 x 9,7cm em cartão 16,6 x 12,2 cm. Disponível em: http://objdigital.bn.br/objdigital2/acervo_digital/div_iconografia/icon1198391/icon1198391.jpg. Acesso em: 16 abr. 2025.

A PROFISSÃO de bibliotecário. Conselho Federal de Biblioteconomia (site). Disponível em: https://cfb.org.br/. Acesso em: 23 fev 2024.

BIBLIOTECA Nacional inaugura o primeiro curso de Biblioteconomia do país. 02 set 2021. Biblioteca Nacional (Brasil) . Disponível em: https://bndigital.bn.gov.br/artigos/memoria-biblioteca-nacional-inaugura-o-primeiro-curso-de-biblioteconomia-do-brasil/. Acesso em: 27 fev 2024.

BRASIL. **Lei nº 1244, de 24 de maio de 2010**. Dispõe sobre a universalização das bibliotecas nas instituições de ensino do País. Disponível em: http://www.planalto.gov.br/ccivil_03/_ato2007-2010/2010/lei/l12244.htm. Acesso em: 19 maio 2022.

BRASIL. **Lei nº 4.084, de 30 de junho de 1962**. Dispõe sobre a Profissão de Bibliotecário e regula seu exercício. Disponível em: http://repositorio.cfb.org.br/handle/123456789/106. Acesso em: 02 abr 2022.

BRASIL. Ministério da Educação. Cadastro Nacional de Cursos e Instituições de Educação Superior. 2022. **Cadastro e-MEC**. Disponível em: https://emec.mec.gov.br/emec/nova. Acesso em 22 abr 2022.

CALVINO, Ítalo. **Um general na biblioteca**. São Paulo: Companhia das Letras, 2001.

CASTRILLÓN, Silvia. **O direito de ler e de escrever**. Tradução: Marcos Bagno. São Paulo: Ed. Pulo do Gato, 2011.

COWELL, Cressida. **Como treinar seu dragão**. Tradução: Heloisa Prieto. Rio de Janeiro: Intrínseca, 2010.

DANGELO, Luana. **Mapeamento da presença da disciplina de Biblioteca Pública nos currículos de Biblioteconomia.** Trabalho de Conclusão de Curso (Graduação em Biblioteconomia) – 59 fls. Universidade Federal do Estado do Rio de Janeiro, 2018. Rio de Janeiro, 2018.

DIAS, Antônio Caetano; PLACER, Xavier; VILLAR, João Carlos Fernandes. Na Federação das Escolas Federais Isoladas do Estado da Guanabara (FEFIEG). In: PINHEIRO, Ana Virginia; CATALDO, Fabiano; GUERRERO, Laura Klemz. (Orgs.). 100 anos de instalação da Escola de Biblioteconomia no Brasil: 1915-2015: da Biblioteca Nacional à Universidade Federal do Rio de Janeiro (UNIRIO). **Chronos**, Rio de Janeiro, v.1, n.10, 2015.

ECO, Umberto. **O nome da rosa**. Rio de Janeiro : Nova Fronteira, 1983.

FIGUEIREDO, Nice. **O ensino de Biblioteconomia no Brasil**: relatório de equipe de pesquisa sobre o status quo das escolas de biblioteconomia e documentação, com ênfase na situação do pessoal docente. Brasília: CAPES, 1978. v.1

FONSECA, Edson Nery da. **A Biblioteconomia brasileira no contexto mundial**. Rio de Janeiro: Tempo brasileiro, 1979. 247 p.

FUNDAÇÃO BIBLIOTECA NACIONAL. **Annaes da Biblioteca Nacional do Rio de Janeiro**, v. 33, 1911. Disponível em: https://hemeroteca-pdf.bn.gov.br/402630/per402630_1911_00033.pdf. Acesso em 18 mar 2025.

JACOBSEN, Priscila Saraiva. **A imagem do profissional bibliotecário na literatura de ficção**. 129 fls. Trabalho de conclusão de curso (Graduação em Biblioteconomia) – 130 fls. Universidade Federal do Rio Grande do Sul, 2010. Porto Alegre, 2010. Disponível em: https://lume.ufrgs.br/bitstream/handle/10183/25765/000755173.pdf?sequence=1&isAllowed= y. Acesso em 02 abr 2022.

KLEIN, Gabriela Falcão. [**Correspondência**]. Destinatário: Conselho Federal de Biblioteconomia. Rio de Janeiro, 07 maio 2022. E-mail. 3 mensagens.

KLEIN, Gabriela Falcão. [**Correspondência**]. Destinatário: Dayanne Prudêncio. Rio de Janeiro, 27 abr 2022. E-mail. 5 mensagens.

KLEIN, Gabriela Falcão. [**Correspondência**]. Destinatário: Direção da Escola de Biblioteconomia. 27 abr 2022. Email. 7 mensagens.

KLEIN, Gabriela Falcão. **A formação em Biblioteconomia em tempos de 'balbúrdia':** cartografia de um percurso discente no curso de Bacharelado em Biblioteconomia na Universidade Federal do Estado do Rio de Janeiro (UNIRIO). Trabalho de Conclusão de Curso (Graduação em Biblioteconomia) – 125 fls. Universidade Federal do Estado do Rio de Janeiro, 2022. Rio de Janeiro, 2022.

LOUREIRO, Mônica de Fátima; JANUZZI, Paulo de Martino. Profissional da informação: um conceito em construção. **Transinformação**, Campinas, 17(2), maio-ago/2005, p. 123-151.

MELOT, Michel. **A sabedoria do bibliotecário**. Tradução: Geraldo Gerson de Souza. Cotia, SP: Ateliê Editorial; São Paulo: Edições Sesc São Paulo, 2019. (Coleção Bibliofilia, v.3), 147 p.

MESA que presidiu à solenidade da inauguração do curso de biblioteconomia, na Biblioteca Nacional, em 10 de abril de 1915. Rio de Janeiro, RJ: *[s.n.]*, 1915. 1 Foto, gelatina, pb, 11,3 x 15,7. Disponível em: http://objdigital.bn.br/

objdigital2/acervo_digital/div_iconografia/icon275217/icon275217.jpg. Acesso em: 16 abr 2025.

MILANESI, Luís. **Ordenar para desordenar**: centros de cultura e bibliotecas públicas. São Paulo: Editora Brasiliense, 1989, 2a. ed.

MOURA, Marina Gomes de; DAHÁS, Sâmia Chantre; WEITZEL, Simone (orgs). **Livro dos egressos da Escola de Biblioteconomia da UNIRIO**. Disponível em: http://www.unirio.br/cchs/eb/arquivos/livro_dos_egressos.pdf. Acesso em: 12 mar 2022.

ORTEGA Y GASSET, José. **Missão do bibliotecário**. Tradução e posfácio de Antonio Agenor Briquet de Lemos. Brasília: Briquet de Lemos Livros, 2006.

RIO DE JANEIRO (Estado). Centro de Produção da Universidade do Estado do Rio de Janeiro (CEPUERJ). Concurso Público UERJ 2022 – Técnico Universitário Superior. [Prova objetiva]. Disponível em: https://www.cepuerj.uerj.br/uploads/concursos/16508933959460021 4d0b8391f5e5029ba80cbee78e7ee39a/1283073555.pdf Acesso em: 28 abr 2022.

RIO DE JANEIRO (Estado). Centro de Produção da Universidade do Estado do Rio de Janeiro (CEPUERJ). Concurso Público UERJ 2022 – Técnico Universitário Superior. Gabarito. Disponível em: https://www.cepuerj.uerj.br/uploads/concursos/1650818139762942 54d0b8391f5e5029ba80cbee78e7ee39a/770210040.pdf. Acesso em 28 abr 2022.

SABBAG, Deise Maria Antônio. **Caminho teórico-metodológico delineado pelo curso de Biblioteconomia da Biblioteca Nacional**: aspectos teóricos que fundamentam o ensino de Organização e Representação do Conhecimento no Brasil. Relatório de pesquisa. Rio de Janeiro, 2013. Disponível em: https://www.bn.gov.br/sites/default/files/documentos/producao/pesquisa/2012/deise_maria_antonio_sabbag_trab_revisado_0.pdf. Acesso em 12 mar 2022.

SANTA BIBLIOTECONOMIA. **Já que é 1º de abril...** Rio de Janeiro, 01 abr. 2022. Instagram: @santabiblioteconomia. Disponível em: https://www.instagram.com/p/Cb0QLhLr3Jy/. Acesso em 01 abr 2022.

SERRAI, Alfredo. História da biblioteca como evolução de uma ideia e de um sistema. **Revista da Escola de Biblioteconomia**, UFMG, Belo Horizonte 4(2), set/1975, p. 141-161.

SILVA, Manoel Cícero Peregrino da. Da remodelação por que passou a Bibliotheca Nacional e vantagens d'ahi resultantes. **Annaes da Bibliotheca Nacional do Rio de Janeiro**, v. 35, p. 1-9, 1913. Disponível em: https://antigo.bn.gov.br/producao/publicacoes/anais-biblioteca-nacional-vol35 . Acesso em: 05 mar 2024.

SOUZA, Francisco das Chagas de. **O ensino da Biblioteconomia no contexto brasileiro**: século XX. Florianópolis: Ed. da UFSC, 2009.

SOUZA, Francisco das Chagas de. O nome profissional 'bibliotecário' no Brasil: o efeito das mudanças sociais e econômicas dos últimos anos do século XX. In: **Encontros Bibli**: Revista Eletrônica de Biblioteconomia e Ciência da Informação, Florianópolis, n.18, 2 sem, 2004. Disponível em: https://periodicos.ufsc.br/index.php/eb/article/view/1518-2924.2004v9n18p90. Acesso em 23 abr 2022.

UNIVERSIDADE FEDERAL DO ESTADO DO RIO DE JANEIRO. **História**. [2022]. Disponível em"https://www.unirio.br/instituicao/historia. Acesso em: 19 mar. 2025.

UNIVERSIDADE FEDERAL DO ESTADO DO RIO DE JANEIRO. Escola de Biblioteconomia. http://www.unirio.br/cchs/eb/graducao/bacharelado-matutino-1. Acesso em 21 fev 2022.

UNIVERSIDADE FEDERAL DO ESTADO DO RIO DE JANEIRO. Escola de Biblioteconomia. **Projeto Pedagógico Institucional**. 2006. Disponível em: http://www2.unirio.br/unirio/cchs/eb/projeto-politico-pedagogico-bacharelado. Acesso em 21 fev 2022.

UNIVERSIDADE FEDERAL DO ESTADO DO RIO DE JANEIRO. Escola de Biblioteconomia. **Projeto Político Pedagógico do Curso de Bacharelado em Biblioteconomia**. Universidade Federal do Estado do Rio de Janeiro, 2010. Disponível em: http://www2.unirio.br/unirio/cchs/eb/projeto-politico-pedagogico-bacharelado. Acesso em: 19 mar 2022.

UNIVERSIDADE Monstros. Direção de Dan Scanlon. Califórnia, Estados Unidos: Pixar, 2013. 1 DVD (103 min).

WEITZEL, Simone da Rocha. Origem e fundamentos do processo de desenvolvimento de coleções no Brasil: estudo de caso da Biblioteca Nacional, 2009. In: **Encontro Nacional de Pesquisa em Ciência da Informação**, 10, João Pessoa (Brasil), 2009. Disponível em: http://eprints.rclis.org/15731/1/weitzel_enancib_2009.pdf. Acesso em 02 fev 2022.

Itinerários da Biblioteca Nacional: Expedições e consolidação de símbolos nacionais sob a gestão de Ramiz Galvão e Manoel Cícero Peregrino da Silva[1]

Caio da Gama Gaudie Ley[2]
Carlos Henrique Juvêncio[3]

Resumo

Do cenário colonial ao republicano, viagens e travessias foram características presentes na consolidação da Biblioteca Nacional. Este capítulo tem como objetivos remontar sua história a partir da dissolução do acervo da Biblioteca Real portuguesa, consequência do terremoto de 1755 sofrido por Portugal; analisar a trajetória de Ramiz Galvão e Manoel Cicero Peregrino da Silva, diretores da Biblioteca Nacional que viabilizaram importantes mudanças em sua estrutura, cujo legado estende-se até os dias de hoje; identificar a "malha" (Tim Ingold) de movimentos traçados no percurso histórico da Biblioteca Nacional e sua relevância para o desenvolvimento da Biblioteconomia. Ramiz Galvão foi responsável pela ampliação do horário de funcionamento da instituição; criação do primeiro concurso para Bibliotecário; aumento significativo do número de funcionários e sua remuneração. Idealizou os Anais da Biblioteca Nacional, cujo propósito era oferecer destaque aos itens valiosos de sua coleção, de

1 Parte deste texto é oriundo de Trabalho de Conclusão de Curso de Caio da Gama Gaudie Ley apresentado em 2023 como requisito parcial para obtenção do grau de Bacharel em Biblioteconomia da Universidade Federal Fluminense sob a orientação do Prof. Dr. Carlos Henrique Juvêncio (Gaudie Ley, 2023).

2 Bacharel em Biblioteconomia e Documentação (Universidade Federal Fluminense). ID Lattes: http://lattes.cnpq.br/3499698028184379. ORCID: 0009-0008-5433-8556 (https://orcid.org/0009-0008-5433-8556)

3 Professor adjunto do Departamento de Ciência da Informação da Universidade Federal Fluminense. ID Lattes: http://lattes.cnpq.br/1646741868261976. Orcid: https://orcid.org/0000-0003-2376-4823

modo que chegassem ao grande público, além da Exposição de História do Brasil, outro marco de sua atuação. Manoel Cícero Peregrino da Silva instituiu o primeiro Curso de Biblioteconomia do Brasil, e aumentou ainda mais o número de funcionários e sua remuneração. Seu legado materializa-se no edifício sede da Biblioteca Nacional, localizado na Avenida Rio Branco, e na formação profissional de bibliotecários no Brasil, na figura das Universidades Federais. Destacar o emaranhado de encontros que se consolidam a partir da Biblioteca Nacional e seus diretores, e sua importância no estímulo de novos e imprevisíveis itinerários no campo de construção de conhecimento da Biblioteconomia é o objetivo final do capítulo.

Palavras-chave: Biblioteca Nacional; Biblioteconomia; História.

Abstract

From settlement to republic, travels and crossings were features present in the consolidation of Brazil's National Library. Our chapter aims to retrace its History, starting from the dissolution of the Portuguese Royal Library's collection - a consequence of the 1755 earthquake that struck Portugal; examine the professional trajectories of Ramiz Galvão and Manoel Cicero Peregrino da Silva, directors of the National Library who spearheaded major structural reforms, leaving a legacy that endures to this day. It also seeks to identify the "mesh" (Tim Ingold) of movements woven into the National Library's historical path and its significance for the development of Library Science. Ramiz Galvão was responsible for expanding the institution's operating hours, establishing the first competitive examination for librarians, and significantly increasing both staff numbers and their wages. He conceived the Anais da Biblioteca Nacional, intended to showcase the library's valuable collections and make them accessible to the general public, as well as the Exposição de História do Brasil, another landmark achievement of his tenure. Manoel Cícero Peregrino da Silva founded Brazil's first Library Science course and further expanded the staff and their compensation. His legacy is embodied in the National Library's main building on Rio Branco Avenue and in the professional training of librarians in Brazil through Federal Universities. The chapter's ultimate goal is to highlight the intricate web of encounters that emerged from the National Library and its directors, as well as their role in fostering new and unforeseen pathways in the field of Library Science.

Keywords: National Library; Library Science; History.

1 INTRODUÇÃO

Compreender o papel da Biblioteca Nacional no cenário das instituições culturais brasileiras implica, também, na compreensão dos movimentos que a inseriram nesse contexto.

A proposta de retratar a história da Biblioteca Nacional como uma série de travessias - movimentos impulsionados por circunstâncias políticas, sociais e ambientais - inspira-se na obra 'Estar vivo', de Tim Ingold. Sua obra baseia-se na 'ideia da vida vivida ao longo de trilhas, ou caminhadas; a primazia do movimento…' (Ingold, 2015, p. 8) e no conceito de 'malha, entendida como uma textura de fios entrelaçados' (Ingold, 2015, p. 8). A noção de movimento humano enquanto fonte de construção de saber, proposta pelo autor, alinha-se à trajetória da Biblioteca Nacional e seus personagens. A partir dessa perspectiva, buscamos ressaltar o cenário de disputas que compõem o vir-a-ser da instituição e da Biblioteconomia brasileira.

Entre as travessias analisadas, começamos pela investigação dos eventos que antecederam a chegada do acervo da Biblioteca Nacional e seu conturbado estabelecimento no Brasil. Em seguida, focamos nas ações dos diretores Ramiz Galvão e Manoel Cícero Peregrino da Silva, que promoveram transformações significativas na instituição. Por fim, abordamos a criação e o desenvolvimento do Curso de Biblioteconomia, entre os períodos de 1911-1922 e 1933-1943, considerando o hiato entre suas duas fases.

Investigar os percursos do acervo da Biblioteca Nacional, de seus diretores e, posteriormente, dos egressos do curso é percorrer um denominador comum entre dimensões distintas, que nos apontam às múltiplas travessias que consolidaram o cenário profissional e intelectual da Biblioteconomia brasileira. Assim, buscamos conectar a história da Biblioteca Nacional à trajetória de seus principais agentes, vislumbrando novos movimentos que ampliem o alcance e a pluralidade de atuação da instituição.

2 PRECEDENTES DA VINDA DA FAMÍLIA REAL AO BRASIL

O Século XVIII apresentou-se como um período de "metamorfoses" no Império Português (Oliveira, 2010). Seu pioneirismo marítimo não foi suficiente para sustentar seu prestígio entre as nações europeias, especialmente diante dos conflitos internos pela restauração da soberania monárquica. À luz dos anos setecentos,

"Portugal já não era nem sombra daquilo que fora em meados do século XVI" (Oliveira, 2010, p. 124).

Assim, observamos um Império asfixiado em suas fronteiras e ameaçado em seus territórios ultramarinos. A crescente falência econômica de suas colônias orientais exigia voltar-se a outras possibilidades de exploração econômica, e os olhares lançavam-se ao Brasil: como exposto por Frei Antônio do Rosário (1647-1704) em 1702, "a Índia Oriental há muitos anos, que por pecados e injustiças, já não é Índia, o Brasil, pela cana, pelos bizalhos dos diamantes, que embarca em milhares de caixas todos os anos, é a verdadeira Índia e mina dos Portugueses" (Rosário, 1702 *apud* Oliveira, 2010, p. 125-126). Para além de toda estratégia e previsão, um evento trágico tomaria de assalto Portugal, impondo sua força destruidora sobre todo o território português: o terremoto de 1755.

Tendo como ponto de impacto central a capital portuguesa, sua devastação foi inédita na história de Lisboa. Dotada de uma inoportuna ironia que viria a intensificar as perdas e os pesares, a data do terremoto coincide com uma importante festividade católica: o Dia de Todos os Santos. Conclamados pela fé, significativa parcela dos habitantes de Lisboa reuniam-se em igrejas no início dos tremores. "Como era dia de todos os Santos a maior parte dos habitantes se achava nas Igrejas, que sofreram que mais que o resto dos edifícios; sepultando deste modo muitas pessoas de ambos os sexos" (Sanches, 1756, p. 286).

Após os desmoronamentos, incêndios eclodiram por toda Lisboa, crescendo rapidamente e consumindo residências, edifícios e o que restava nos escombros, em altas chamas que duraram quatro dias ininterruptos. As águas do Tejo, que outrora abraçavam Lisboa em seu remanso, invadiram a cidade em vagalhões, engolindo a costa Portuguesa (Schwarcz; Azevedo; Costa, 2002).

A sucessão de eventos traumáticos resultou em um esvaziamento múltiplo para a sociedade lisboeta: paisagístico, populacional — com a perda de inúmeras vidas — e, finalmente, um esvaziamento de sentido: "toda sorte de violência estouraram nas ruas, enquanto a desordem tomava conta da cidade [...] aqueles que continuaram vivos aproveitaram a oportunidade para pegar o que não era seu, já que em menos de um minuto o que tinha dono ficou sem" (Schwarcz; Azevedo; Costa, 2002, p. 20).

Evidentemente, em uma tragédia humanitária como a de Lisboa, os danos mais significativos recaíram sobre o que há de mais valioso: a vida humana. Ainda assim, ao longo deste essencial fio condutor erguem-se pilares que fundamentam também parte vital de nossa existência: o registro do passado, a manifestação do presente, e a possibilidade de futuro. E parte disso, também esvaiu-se em meio a tragédia.

Nesse aspecto, as perdas materiais de Lisboa não poderiam deixar de ser mencionadas, já que a área mais afetada concentrava grande parte do patrimônio histórico e cultural da cidade. Os edifícios atingidos foram variados, "cerca de metade das casas haviam sido arruinadas, além de prédios públicos, igrejas, conventos, residências de estrangeiros, palácios de muitos fidalgos e, finalmente, o próprio palácio real" (Schwarcz; Azevedo; Costa, 2002, p. 30), bem como um terço de Lisboa, irrecuperavelmente arruinados.

Dentre os prédios afetados, destacam-se as edificações relacionadas à igreja. Nota-se que "das quarenta igrejas paroquiais de Lisboa, 35 desmoronaram, arderam ou ficaram em ruínas; apenas onze conventos dos 65 existentes continuaram habitáveis, embora com danos" (Schwarcz; Azevedo; Costa, 2002, p. 30). Além do dano prático e simbólico sofrido pelas instituições eclesiásticas, há de se destacar que as igrejas de Portugal não constituíam-se enquanto simples construtos: certa monumentalidade habitava seus templos. Ainda que a vastidão de ouro e prata que reluzia em seus altares tentasse opor-se ao enfraquecido status financeiro de Lisboa perante outros reinos, os prolongados incêndios selariam o destino português, consumindo todo o tesouro gravado por anos em suas paredes (Schwarcz; Azevedo; Costa, 2002).

Se parte do sentimento português à época pôde ser descrito como saudosismo, até mesmo rememorar a própria história representava uma tarefa árdua, uma vez que "a perda de monumentos que registravam uma memória local" (Schwarcz; Azevedo; Costa, 2002, p. 33) dificultavam essa reconstrução.

Entre os monumentos que preservavam a memória portuguesa, destacavam-se as coleções bibliográficas do reino, especialmente o acervo da Real Biblioteca: "Menina-dos-olhos dos monarcas portugueses, que lá coletaram, cuidadosamente, 70 mil volumes [...] 'ajuntava' tudo o que uma livraria régia, símbolo do saber acumulado do Império, poderia comportar" (Schwarcz; Azevedo; Costa, 2002, p. 33).

No entanto, o resultado de séculos de cuidado estava agora em ruínas. Ao observarmos os danos sofridos diretamente pela Corte, nos é apresentada uma personagem importante para a própria consolidação de nossa Biblioteca Nacional: a Real Biblioteca.

Embora o Dicionário de Biblioteconomia e Arquivologia defina bibliotecas reais como "biblioteca criada por um monarca ou que atende a uma dinastia" (Cunha; Cavalcanti, 2008, p. 53), não são poucas as menções à bibliotecas reais como um aparato de poder. Alfredo Serrai, ao escrever sobre bibliotecas nacionais (sendo essas majoritariamente derivadas de monárquicas), privilegia as características de custódia, através do depósito obrigatório de livros impressos, iniciado na França em 1537, e que nos deixaria uma pista em relação à grandiosidade de suas coleções (Serrai, 1975).

É a partir de uma publicação de nossa própria Biblioteca Nacional que encontramos uma maior consideração acerca do papel simbólico das instituições dessa natureza: "Muito além de recolher, catalogar e abrigar livros em estantes bonitas, essas bibliotecas tiveram uma importância simbólica e política imensas, pois sempre estiveram associadas a estratégias do conhecimento, a razões de Estado, a visões de mundo" (Biblioteca Nacional, 2004, p. 10).

Portanto, há de se reconhecer o valor desta "livraria régia" para além de sua coleção; havia ali um instrumento simbólico de poder, que "fazia parte dos louros e da própria representação oficial do Estado" (Schwarcz; Azevedo; Costa, 2002, p. 33).

Considerando a já frágil posição ocupada por Portugal no cenário político europeu quando comparado a seus países vizinhos, as consequências do terremoto expunham essa desvantagem em um nível inédito. Demonstrações de poder já não encontravam meios de efetivação, e a manutenção da crise exigia o investimento pesado de recursos por parte da Coroa - tudo parecia conspirar contra o país (Schwarcz; Azevedo; Costa, 2002).

O período de 53 anos entre o terremoto e a partida da corte para o Brasil (1755-1808) foi marcado por esforços de reconstrução do país. Internamente, Portugal precisava reerguer-se dos danos deixados pela tragédia; externamente, encontrava-se preso em um jogo político duplo entre França e Inglaterra. Esquivando-se de ambos em uma política de neutralidade, a corte instaurou uma divisão em seu próprio parlamento, em que cada metade representava um dos países envolvidos (Schwarcz; Azevedo; Costa, 2002). As mesmas mãos que ainda reuniam escombros, realizavam malabares no alvorecer do século XIX, ainda incertos de seu destino.

Para além da dualidade imposta, Dom João VI recusava-se a deixar Portugal, embora essa possibilidade já tivesse o respaldo de conselheiros em outros momentos da história de Portugal, que consideravam a Colônia terreno propício para a instalação efetiva do Reino, tanto pelo aspecto econômico quanto pela relação nutrida com a elite brasileira. Adiou a decisão até 1807, data limite para a escolha final (Schwarcz; Azevedo; Costa, 2002).

Com as tropas napoleônicas na fronteira espanhola, a Coroa recebeu um ultimato: declarar guerra à Inglaterra em um mês ou enfrentar um ataque francês. Apesar da tentativa de não criar pânico na população, as movimentações portuárias e a reunião das riquezas em locais pré-determinados denunciavam a ameaça sofrida pelo Reino. A população reunia-se em praças para a realização de missas públicas, em desamparo similar ao enfrentado em 1755, aparentando ser a fé um recurso mais confiável que quaisquer fontes oficiais (Schwarcz; Azevedo; Costa, 2002).

Com navios ingleses atracados em Lisboa e as tropas francesas já estacionadas em sua fronteira, embarcaram a Família Real, ministros, conselheiros da Corte e demais representações do Reino, deixando o continente Europeu em meio a incertezas. A ocupação de uma colônia até então vista como pilar econômico, e que agora sediaria a realeza, não parecia um movimento simples, ainda mais sendo tomado às pressas. Estava traçada a rota que levaria o Brasil a sua gênese enquanto Estado independente (Schwarcz; Azevedo; Costa, 2002).

3 TRANSPORTE DA BIBLIOTECA REAL E SEU ESTABELECIMENTO NO BRASIL

Embora a Família Real tenha tentado levar o máximo de itens de valor, a pressa impediu um planejamento detalhado ou uma curadoria cuidadosa. Assim, as naus partiram, deixando ao relento caixas com "livros, documentos, gravuras e outras preciosidades da Real Biblioteca" (Schwarcz; Azevedo; Costa, 2002, p. 326). Posteriormente, foram retornadas ao Palácio da Ajuda; fato que D. João VI só tomaria conhecimento após atracar no Rio de Janeiro, em Março de 1808 (Schwarcz; Azevedo; Costa, 2002).

Enquanto se estabeleciam no Brasil, as tropas francesas, lideradas pelo general Junot, continuaram seu avanço sobre Portugal. Após instalarem-se sobre a Capital, anunciaram a exigência do pagamento de aproximadamente 100 milhões de francos, além de clamarem as posses e bens da Rainha, do Príncipe Regente, e dos demais fidalgos que ausentaram-se de Portugal - toda riqueza que restasse seria captada pelos novos dominadores (Schwarcz; Azevedo; Costa, 2002, p. 326).

Amargando o preço de sua política de neutralidade, Portugal declarou guerra à França, contando com o apoio militar da Inglaterra, que também tinha interesse em intervir no conflito. Em agosto de 1808, as tropas inglesas juntaram-se à rebelião popular portuguesa contra Junot, expulso em dez dias de confronto. Pouco menos de um mês depois, uma junta de governo foi instituída sem a presença de representante português, sendo assumida por William Beresford, "general inglês nomeado marechal-de-campo e comandante-em-chefe das tropas portuguesas" (Schwarcz; Azevedo; Costa, 2002, p. 327). Ainda assim, os portugueses se viam, mais uma vez, defronte ao cenário de destruição, destituídos de suas posses, com poucas perspectivas de recomeço, e sem uma representação sólida de governo (Schwarcz; Azevedo; Costa, 2002).

Nesse contexto pós-guerra, os bens da Coroa não tinham garantia de preservação. Particularmente um grupo de itens preocupava Alexandre Antônio das Neves, encarregado da Real Biblioteca da Ajuda: o conjunto documental de Portugal. Em outubro de 1808, informou a D. João VI a situação em que a biblioteca se encontrava, e as medidas que tomou para protegê-la. Relatava também que recusou-se a queimar os documentos da biblioteca (desejo expresso por meio de ordem da realeza, à época que rumaram ao Rio de Janeiro); obtendo, como resultado, a preservação de documentos valiosos, e de máxima segurança para a Família Real. "No entanto, lamentava que esses documentos não tivessem acompanhado a comitiva da Corte até o Rio de Janeiro" (Schwarcz; Azevedo; Costa, 2002, p. 328).

Neves transitou uma linha tênue entre perda e preservação ao desobedecer tal ordem real. Ainda assim, sua atitude legou frutos futuros, uma vez que a voracidade dos franceses, implacável em muitos saques de riquezas portuguesas, ainda não havia chegado nas coleções da Real Biblioteca. Neves preservou, portanto, não somente livros e documentos, mas também parte da integridade da Coroa Portuguesa.

Apesar de seu mérito, a preservação dos documentos em mãos dos portugueses havia contado com um sopro de sorte, e Neves sabia que não poderiam depender disso novamente. Temendo uma nova invasão, solicitou o apoio da Coroa para o translado do acervo da Livraria Real, com o devido acondicionamento nas embarcações e juntamente ao seu corpo de funcionários, que também deveriam ser transferidos de Portugal. Após a solicitação, por ordem do Rei, somaram-se ao conjunto documental da Livraria Real os acervos da Torre do Tombo e do Monetário da Livraria Pública, e configurariam o maior traslado de riquezas documentais até então, para a segurança da costa brasileira (Schwarcz; Azevedo; Costa, 2002).

Devido a certa negligência e à suposição de que novas investidas francesas demorariam, os preparativos para transportar outros acervos não foram tão ágeis quanto necessário. Em 1810, somente os caixotes da Biblioteca Real da Ajuda encontravam-se a postos para deixar Lisboa: um acervo rico não somente pelo seu conteúdo, mas pela verdadeira epopéia que tornara-se sua trajetória. Sobrevivente de terremoto, incêndio, das condições climáticas decorrentes da impossibilidade de ter sido trazida junto à Família Real, e por fim, dos saques efetuados pelos franceses, seria finalmente transferida ao Brasil.

A primeira leva foi acompanhada por José Joaquim de Oliveira, um funcionário da Biblioteca Real cuja presença foi exigida por Neves. Com ele, embarcavam símbolos de esperança e fôlego para um novo começo. Tais livros apresentavam-se como a semente inicial que desenvolveria-se para além de quaisquer previsões possíveis, e aparentava o destino querer que tal plantio se desse em terreno brasileiro. O país seria berço que acompanharia, concomitantemente às mudanças de conjuntura política, a transformação de seu acervo, inicialmente tesouros reais, em símbolos republicanos e instrumentos democráticos, pilares fundamentais de nosso ideário nacional.

Finalmente desembarcados, os preciosos itens da coleção de D. João VI estavam reunidos sob os olhos e cuidados da Corte. Totalizando 317 caixotes de livros enviados em três remessas, seu volume era digno de uma coleção Imperial, e exigia um condicionamento adequado. A falta de espaço, desafio enfrentado por muitas bibliotecas nacionais, começava a desenhar-se, no caso brasileiro, desde a sua chegada (Schwarcz; Azevedo; Costa, 2002).

Destinada a comportar toda a coleção, a Ordem Terceira do Carmo[4], que funcionava como hospital, teria suas atribuições reconfiguradas para receber o acervo. No entanto, a iluminação era insatisfatória para uma biblioteca - condição que atrapalhava os seletos estudiosos autorizados a acessar parte da coleção - e seu espaço era reduzido, especialmente considerando o potencial de expansão da coleção (Schwarcz; Azevedo; Costa, 2002).

Definida por Saldanha da Gama (Diretor da Biblioteca Nacional entre os anos de 1882 a 1889) em seu Esboço Histórico nos Anais de 1883 como "primeiro acto relativo á nossa Bibliotheca de que resam os seus registros" (Gama, 1885, p. 16), o Decreto de 29 de Outubro de 1810 surge em resposta às condições do prédio selecionado.

Conde de Aguiar compilou em instrumento legal todas as inadequações apresentadas pelo espaço selecionado, e reivindicava novas instalações para a Biblioteca, que seria destinada ao ambiente

---

4 [...] collocada no extenso e escuro consistorio da igreja da O. 3a de N. Senhora do Carmo, á rua do Carmo, foi ella, não de todo e indistinctamente franqueada ao publico, mas aproveitada, de 1811 em diante, pelos estudiosos que para esse fim obtinham prévio e fácil consentimento regio (Gama, 1885, p. 16).

que outrora abrigou as Catacumbas dos Religiosos do Carmo[5], "mais propria e decente accomodação para a dita livraria" (Nabuco, 1810, p. 337 *apud* Gama, 1885, p. 16-17). Ainda que de forma incipiente, pois até então só haviam adaptado espaços existentes, observamos esforços para melhorar as condições da Biblioteca. Após as reformas necessárias, já "ocupava o edifício do Carmo por inteiro" (Schwarcz; Azevedo; Costa, 2002, p. 340), e ali permaneceu até 1858.

Instalada em local mais adequado, a coleção começou a ser classificada. O aproveitamento dos funcionários da Biblioteca já mostrava resultados: por sua familiaridade com o acervo, em pouco tempo o seleto público poderia tomar contato novamente com as obras. Dividindo-se em "cinco classes principais: Teologia, Jurisprudência, Ciências e Artes, Belas-Letras e História. Cada uma delas, por sua vez, era dividida em subconjuntos, que se subdividiam ainda mais" (Schwarcz; Azevedo; Costa, 2002, p. 342), o plano de classificação estava delineado.

A coleção expandiu-se rapidamente. Entre 1811 e 1815, destacam-se duas aquisições: "cerca de 2500 volumes, entre impressos e manuscritos da coleção do frei José Mariano da Conceição Veloso,

5 [...] Decreto de 29 de Outubro. Manuscripto authentico. - Havendo ordenado por Decreto de 27 de Junho do presente anno, que nas casas do Hospital da Ordem Terceira do Carmo, situado á minha Real Capella, se collocassem a minha Real bibliotheca e gabinete dos instrumentos de physica e mathematica, vindos ultimamente de Lisboa: e consando-me pelas ultimas averiguações a que mandei proceder, que o dito edificio não tem toda a luz necessaria, nem offerece os commodos indispensaveis em hum estabelecimento desta natureza, e que no lugar que havia servido de catacumba aos Religiosos do Carmo se podia fazer huma mais propria e decente accomodação para a dita livraria: hei por bem, revogando o mencionado Real Decreto de 27 de Junho, determinar que nas ditas catacumbas se erija e accomode a minha Real bibliotheca e instrumentos de physica e mathematica, fazendo-se á custa da Real Fazenda toda a despeza conducente ao arranjamento e manutenção do referido estabelecimento. O Conde de Aguiar, do Conselho de Estado, Presidente do Real Erario, o tenha assim entendido e faça executar por este Decreto sómente, sem embargo de quaesquer leis, regimentos ou disposições em contrario. - Palacio do Rio de Janeiro, em 29 de Outubro de 1810. - Com a rubrica do Principe Regente Nosso Senhor (Nabuco, 1810, p. 337 *apud* Gama, 1885, p. 16-17).

e a biblioteca de Manuel Inácio da Silva Alvarenga, em torno de 1576 volumes" (Schwarcz; Azevedo; Costa, 2002, p. 344). É importante lembrar que, mesmo em um novo contexto, a Biblioteca mantinha sua simbologia original: representar, em sua magnitude, o poder imperial português. Assim, a aquisição de coleções refletia o interesse em preservar a estrutura monárquica, talvez subestimando a crescente busca por uma identidade brasileira, que só floresceria longe da Coroa.

Em 1821, a corte imperial retornou a Portugal, deixando o príncipe D. Pedro no comando do Brasil. Os rumores de independência cresciam, e a ausência da Família Real poderia acelerar esse processo. Como em outros momentos da história portuguesa, era preciso deixar algo para trás. Assim, deixaram o príncipe, a Biblioteca e, sem saber, o status colonial do Brasil (Schwarcz; Azevedo; Costa, 2002).

4 INDEPENDÊNCIA DO BRASIL E SEU IMPACTO NA BIBLIOTECA

Mencionada, por vezes, como reivindicação de "homens turbulentos" em prol de seus "tenebrosos planos" (Ferreira, 1877, p. 182), e em outros momentos como a "feliz, e necessaria Independencia do Brazil" (D'Alincourt, 1880, p. 96), e proezas de homens com "Attitude patriotica" (Gama, 1885, p. 285), a Independência representa um momento turbulento da história brasileira. E, ainda que o desfecho tenha sido favorável ao Partido da Independência, a biblioteca tornou-se um terreno de disputa.

Seus funcionários nutriam posicionamentos políticos distintos entre si, e a tensão do conflito era sensível na estrutura da Biblioteca. É o caso do padre Joaquim Damaso, encarregado da direção da Real Biblioteca em 1821, que, "não querendo aderir á independencia do Brazil, voltou para Portugal, levando nessa occasião, si não todos os manuscriptos, que lhe estavam confiados, bôa cópia d'elles ou talvez a sua maxima parte" (Gama, 1885, p. 457).

A separação entre Metrópole e Colônia não foi pacífica, e conflitos armados eclodiram no Brasil. Em virtude da violência, essa foi "primeira vez que a arbitragem foi praticada de modo positivo e viavel na America" (Souza, 1923, p. 116). A intervenção de forças externas na resolução de conflitos internacionais apresentou-se como saída para Brasil e Portugal, tendo a Inglaterra como interlocutora.

Embora a independência tenha sido alcançada, isso não significou o fim das divergências políticas nem a unificação ideológica da população. Para ambos os lados, era um momento de tensão, que só seria amenizado com a assinatura do "Tratado de Paz e Alliança entre o Senhor D. Pedro I, Imperador do Brasil, e D. João VI, Rei de Portugal, assignado no Rio de Janeiro em 29 de Agosto de 1825 e ratificado pelo Brasil em 30 do dito mez e por Portugal em 15 de Novembro do mesmo anno" (Souza, 1923, p. 116), três anos após o início dos conflitos.

O tratado almejava separar política e simbolicamente os dois reinos, reconhecendo a autonomia brasileira. No entanto, essa separação exigiu reparações financeiras pelos danos alegados e pelas propriedades reivindicadas; tal foi o caso da Real Biblioteca. Dentre as indenizações[6] que deveriam ser feitas ao Reino de Portugal, era o segundo item mais caro de toda a negociação (Schwarcz; Azevedo; Costa, 2002 *apud* Gaudie Ley, 2020), refletindo seu valor político e simbólico.

Para se adequar ao novo regime, foi necessário reformular os estatutos. O decreto de 13 de setembro de 1824[7] (Gama, 1885, p. 568-569), estabeleceu a "Bibliotheca Imperial e Publica", substituindo o anterior. Apesar da mudança, a Biblioteca seria condenada a "atravessar por longos annos quasi desconhecida existencia" (Mello, 1897, p. 234). Em 1858, mais de três décadas depois, a Biblioteca foi transferida para um novo local sob a direção de Fr. Camillo Monserrate (diretor da Biblioteca entre 1853 e 1870).

A partir do falecimento de Monserrate em 1870, a Biblioteca passou a ser dirigida por Ramiz Galvão. A partir de sua figura e, posteriormente, de Manoel Cícero Peregrino da Silva, a instituição assumiria seu caráter republicano, democrático e brasileiro: valores que estendem-se até os dias de hoje (Caldeira, 2015; Juvêncio, 2016).

A escolha de destacar essas duas personalidades, entre tantas outras de grande relevância, deve-se ao empenho com que se dedicaram à Biblioteca Nacional e às transformações significativas que lideraram.

---

6 [...] tendo a livraria do Conde da Barca sido arrematada por ordem de S. Alteza Real o Principe Regente do Brazil, em 22 de Abril de 1822 (no tempo portanto do dominio portuguez), era Portugal o verdadeiro devedor da sua importancia ; tanto mais quanto nos dois milhões de libras esterlinas, que, pelo tratado e convenção addicional de 29 de Agosto de 1825, feitos no Rio de Janeiro entre Portugal e o Brazil, pagou este áquelle, foi incluida a indemnisação pellas propriedades particulares que deixou S. Majestade Fidelissima no Brazil (de cujo numero fazia parte a Real Bibliotheca, á qual tinha sido incorporada a livraria do Conde da Barca) e que se calcularam em libras esterlinas 250,000, ficando com esta somma (2 milhões esterlinos) extinctas de ambas as partes todas e quaesquer outras reclamações, assim como todo o direito a indemnisações d'esta natureza (Art. 1o. da Convenção addicional) (Gama, 1885, p. 567).

7 [...] por decreto de 13 de Setembro de 1824, assignado por João Severiano Maciel da Costa, depois Marquez de Queluz, então Ministro do Imperio, foram mandados pôr em execução os Artigos Regulamentares para o regimen da Bibliotheca Imperial e Publica que o zeloso Bibliothecario tinha organizado e submettido á approvação do Governo, em substituição dos Estatutos da Real Bibliotheca, publicados na Regia Typographia em 1821, que então regiam o estabelecimento (Gama, 1885, p. 568-569).

O primeiro, Ramiz Galvão, ampliou o horário de funcionamento, propôs e implementou um concurso para contratar funcionários mais qualificados e iniciou a publicação dos Anais da Biblioteca Nacional, entre outras contribuições (Caldeira, 2015). O segundo, Manoel Cícero Peregrino da Silva, foi responsável pelo primeiro prédio projetado para o funcionamento da biblioteca, promoveu o aprimoramento técnico dos funcionários e criou o primeiro curso de Biblioteconomia do Brasil. Assim, ambos protagonizaram mudanças cruciais não apenas na Biblioteca Nacional, mas também no pensamento bibliotecário brasileiro (Juvêncio, 2016).

5 A BIBLIOTECA NACIONAL SOB A DIREÇÃO DE RAMIZ GALVÃO

Assumindo em dezembro de 1870, Ramiz Galvão tornou-se o mais jovem a ocupar o cargo de diretor da Biblioteca Nacional (Caldeira, 2015). Nascido em 1846 no Rio Grande do Sul, mudou-se para o Rio de Janeiro aos seis anos de idade, onde suas trajetórias profissional e intelectual consolidaram-se (Caldeira, 2015). Ingressou no Colégio Pedro II em 1855, por meio de vagas gratuitas da instituição, e teve contato com um currículo extenso de atividades escolares: "estudou francês, latim, retórica, geometria, filosofia, inglês, história e história natural, aritmética, geografia, álgebra, português, grego, alemão, italiano, física, química, trigonometria, cosmografia, zoologia, desenho, música e ainda ginástica e instrução religiosa" (Caldeira, 2015, p. 38).

Ramiz Galvão, em relatos pessoais, descreve a proximidade entre o Imperador D. Pedro II e a instituição de ensino:

> Vi o Imperador pela primeira vez em princípios de 1855, quando eu contava oito anos e meio de idade. Minha boa avó conduziu-me então a Quinta de São Cristóvão para pedir a D. Pedro II a minha admissão como aluno gratuito no Colégio Pedro II, atenta a nossa situação de pobreza. O Imperador que a todos sem exceção recebia diariamente com lhaneza e cordura, na varanda interna do palácio ouviu o pedido e só replicou:
> - Mas este menino já fez a sua instrução primaria?
> - Já está pronto, meu senhor, respondeu minha avó. Ele já recebeu o diploma do Colégio Amante da Instrução, onde estudou.
> - Mas deveras pronto?
> - Não posso duvidar, porque o professor, sr. Inocêncio Drumond, começou até a ensinar-lhe particularmente rudimentos de francês e latim.
> - Está bem, está bem, concluiu o Imperador. Traga-me os papeis e eu os passarei ao ministro.
> E fez-me afagos, que nunca esqueci (Galvão, 1925, p. 859-861 *apud* Caldeira, 2015, p. 39).

Relatos como esse se repetiram em sua trajetória estudantil. O olhar atento do Imperador em direção aos alunos da instituição buscava potenciais nomes para desempenhar, futuramente, atividades caras ao governo imperial (Cunha Júnior, 2008 *apud* Caldeira, 2015). A positiva impressão deixada por Ramiz Galvão, que retornou para lecionar no colégio em 1869, pôde ser atestada no ano seguinte: em 1870, foi nomeado para assumir a direção da Biblioteca Nacional (Caldeira, 2015).

Já assume, portanto, a Biblioteca em seu mais novo endereço, sito à Rua do Passeio, com muitos desafios à sua frente, como a precariedade de condições de trabalho, e a falta de investimento por parte do Império (Caldeira, 2015).

Das primeiras impressões de Ramiz Galvão em relação à biblioteca, as más condições do edifício lhe saltaram os olhos. Passados 18 anos desde sua transposição, em 1853, "não sofreu até agora reparos, nem modificação alguma tendente a melhorá-la, posto que sensíveis deterioramentos já se lhe pudessem notar" (Arquivo Nacional, 1871 *apud* Caldeira, 2015, p. 53), e o pouco que havia sido feito - um assoalho novo para uma das salas - carecia de devido acabamento.

Ramiz Galvão iniciou uma série de reivindicações formais ao governo Imperial, e notava, através das repetidas negativas em relação aos seus pedidos, que tratava-se de uma questão de prioridades de alocação de recursos, e a Biblioteca Nacional não aparentava figurar em seu horizonte primário (Caldeira, 2015).

Sem dar-se por vencido, o diretor mantinha sua comunicação através de cartas, reivindicando mais atenção para a Biblioteca, que aproximava-se de uma situação insustentável: "desde os capachos da entrada e os [?] de limpeza até os tinteiros da sala pública de leitura, tudo aqui respira a estrago e quase o abandono [...] quase não há nesta repartição objeto que não esteja pedindo reparo ou substituição" (Biblioteca Nacional, 1876 *apud* Caldeira, 2015, p. 58). Ainda que o enfoque tenha sido estrutural e material, Ramiz Galvão sabia que a concretização de seus projetos dependia fortemente da "contratação de uma equipe especializada para ajudá-lo em seus projetos e com a constituição de uma rotina de serviços, tornando-se um espaço de estudos e de recolhimento dos documentos relativos à memória pátria" (Caldeira, 2015, p. 53). Isso não isentava, porém, a responsabilidade do Império em relação ao mau funcionamento da biblioteca, que a essa altura mal atendia os próprios funcionários, e não estaria apta a desempenhar sua função de atendimento ao público.

Alvo de incômodo de Ramiz Galvão, a baixa frequência da Biblioteca passou a ser encarada com maior seriedade durante sua gestão. Em todo o ano de 1870, sob a direção de Monserrate, apenas dois mil usuários utilizaram a biblioteca, e o diminuto número, de acordo com Galvão, não poderia ser atribuído à falta de intelectuais na cidade, mas à falta de instrumentos de pesquisa, catálogos, funcionários capacitados e um horário de funcionamento convidativo aos frequentadores (Caldeira, 2015).

Iniciando pelo atrofiado horário de funcionamento, o diretor identificou dois fatores por trás de sua limitação: a falta de iluminação adequada, e a baixa remuneração oferecida aos funcionários. Em um diário de viagens de Fox Bunbury, naturalista inglês em visita ao Brasil, lê-se que

> a iluminação a gás na cidade do Rio de Janeiro teve início a 25 de março de 1854, limitada nessa data a algumas ruas [...] muitas das ruas menores ficam em completa escuridão, e nas outras as luzes são por demais afastadas umas das outras para servir ao fim a que se destinam. Em noites sem luar, tem-se de confiar nas luzes das casas e das lojas que ficam abertas até tarde (Garcia, 1941, p. 18-19).

A iluminação não era, portanto, um fator a ser menosprezado. A partir de 12 de maio de 1872, Galvão consegue sem maiores impedimentos a implementação de iluminação à gás na Biblioteca, e o atendimento, anteriormente restrito das 9 às 14 horas, estendia-se também das 18 às 21 horas (Caldeira, 2015).

Os efeitos da ampliação do horário manifestaram-se depressa. Ainda no ano de 1872, o número de visitantes quintuplicou: de janeiro a abril, a quantidade de leitores foi de 1037, enquanto, de maio a setembro, o número subiu para 5518 (Caldeira, 2015). Desde sua vinda, é possível afirmar que a Biblioteca vivia seu auge de relevância popular.

No entanto, a questão de qualificação e remuneração dos funcionários ainda permanecia sem solução, e era tema de suas incessantes cartas ao Império. Em uma delas, Ramiz Galvão expõe com sensibilidade a relação entre valorização profissional e bons resultados no ambiente de trabalho[8]. Afirmava que instituições como a Biblioteca Nacional precisavam de empregados que tivessem, ao menos, uma "medíocre instrução" e, para isto, é "forçoso que não se continue a dar a esse oficial da Biblioteca a terça parte dos vencimentos d'um contínuo de secretaria" (Galvão, 1872 *apud* Caldeira, 2015, p. 60). Ainda assim, as reivindicações de melhorias para o corpo atuante na Biblioteca teriam de aguardar um momento mais propício, e somente seriam atendidas a partir do regulamento de 1876, implementado após a estadia de Ramiz Galvão na Europa, como veremos adiante.

Em 1873, Ramiz Galvão foi "nomeado pelo governo imperial para representar o Brasil na Exposição Internacional de

---

8 Homens que ouvem em seu lar os gemidos da penúria e tragam o cálice da miséria – não podem servir, não serviram, nem servirão jamais como convém. Homens que precisam procurar em outra parte recursos para a sua subsistência e para a de seus filhos – não serviram nem servirão jamais com o zelo desejável. Finalmente, homens que medianamente instruídos puderem alcançar emprego nas Secretarias d'Estado, ou ganhar o pão cotidiano mediante o exercício de qualquer profissão decente – não trocarão nunca esse bem-estar pelas cadeiras da Biblioteca Nacional (Galvão, 1875 *apud* Caldeira, 2015, p. 59).

Viena" (Caldeira, 2017, p. 2). Mencionado enquanto "congresso da civilização do mundo contemporâneo" (Gama, 1885, p. 270), a presença do diretor no evento possibilitou o contato com diversos "universos simbólicos" (Berger; Luckmann, 2008 *apud* Sanjad, 2017, p. 791), recortados e apresentados por cada nação na convenção. Coube a Ramiz Galvão também a incumbência de visitar as bibliotecas da Europa, de modo a servirem de modelo de reestruturação para a Biblioteca Nacional brasileira. Para tanto, "permaneceu na Europa pouco mais de um ano e pôde investigar a fundo as bibliotecas das cidades de Paris, Londres, Berlim, Munique, Leipzig, Florença, Milão, Viena e Lisboa" (Caldeira, 2017, p. 2).

Dentre os nove países visitados, o Museu Britânico de Londres destacou-se aos olhos do diretor (Caldeira, 2017). A vastidão de seu acervo, o extenso corpo de funcionários bem remunerados, a frequência de visitantes, as técnicas aplicadas às coleções: tudo deslumbrava Ramiz Galvão, e a cada atributo desvelado pelo diretor em sua visita, parte da Biblioteca Nacional, e por extensão, do próprio Império brasileiro, desnudava-se (considerando o incentivo absoluto do Parlamento Inglês em sua administração).

Mesmo diante da discrepância observada por Ramiz Galvão ao comparar a realidade de bibliotecas europeias à Biblioteca Nacional, constatou que seguia no caminho certo em termos administrativos, e seria questão de tempo até conseguir efetivar parcela dos atributos observados na Europa no contexto brasileiro.

Durante sua ausência, o oficial João Cesário da Silva assumiu interinamente a direção da Biblioteca Nacional no período de Março de 1873 a Maio de 1874 (Gama, 1885, p. 577). Retomando a direção em seu retorno, Ramiz Galvão estava munido com importantes dados relativos à satisfatória administração de uma biblioteca, e poderia dar mais um passo em seu plano enquanto diretor da instituição: a regulamentação do estatuto da Biblioteca Nacional. O Decreto de número 6141 de Março de 1876 foi instrumento-chave na efetivação de políticas idealizadas, bem como um marco de sua administração.

De seis funcionários no edifício, tornaram-se dezoito, e todos os cargos com remunerações atualizadas significativamente pelo Império. Ao cargo de Bibliotecário, estabelecia novas atribuições, e aos chefes de seções, ainda mais, incluindo a elaboração de relatórios anuais que oferecessem um panorama das atividades desempenhadas no âmbito da Biblioteca. Ramiz Galvão traçava, ainda que não soubesse, o caminho a ser trilhado por grandes intelectuais brasileiros, como o caso de Capistrano de Abreu, o primeiro bibliotecário incorporado na instituição mediante concurso (Caldeira, 2017), maneira encontrada pelo diretor para avaliação técnica de seus funcionários.

Após a aplicação das mudanças listadas acima, a Biblioteca Nacional aproximava-se do panorama internacional em termos de orçamento, já superando, por exemplo, o da Biblioteca de Lisboa, por pouco mais do triplo. Ramiz Galvão conseguiu, com sua tenacidade, o respaldo que sempre ansiou do Império, refletido em melhorias à instituição.

A inquietude do diretor em relação aos itens valiosos da Biblioteca, tão invisibilizados no cotidiano, era explícita: "lê-se sempre alguma coisa, mas os verdadeiros tesouros da biblioteca, esses dormem o sono do esquecimento" (Galvão, 1876 *apud* Caldeira, 2015, p. 99). Ainda no rol das mudanças encabeçadas através do estatuto, estava a que seria responsável por publicizar tais tesouros - e a última que abordaremos nesse capítulo - a criação dos Anais da Biblioteca Nacional.

Ramiz Galvão observou que os baixos números de consulta aos "tesouros" não deviam-se somente à falta de procura, mas à carência de divulgação de seu acervo. A partir da identificação do problema e contando com uma rede de contatos estabelecida em sua passagem pela Europa, o diretor vislumbrou novas possibilidades para os Anais da Biblioteca Nacional: "não poderiam se limitar à circulação local, mas deveriam ser enviados para todos os lugares possíveis, estreitando relações com os já conhecidos bibliotecários europeus, mas também abrindo caminho para o diálogo entre o Brasil e as nações americanas" (Caldeira, 2015, p. 104).

Ramiz Galvão enriquecia, pouco a pouco, uma teia de relacionamentos entre a Biblioteca Nacional brasileira e outras instituições literárias mundo afora, utilizando-se dos Anais da Biblioteca Nacional como agente aderente dessas relações: enviava-os, na expectativa que essa prática estimulasse "a permuta de publicações similares" (Caldeira, 2015, p. 105). O aumento na abrangência dos relatórios anuais da Biblioteca resultou em um acréscimo de obras em seu acervo, e tornou-se "carro-chefe" (Caldeira, 2015, p. 105) de sua passagem como diretor da instituição.

Sua publicação atravessou dois séculos e é importante fonte de pesquisa histórica. Aos olhos de Ramiz Galvão, os anais compõem parte da construção do nosso ideal de Nação: "Já é tempo de irmos ressuscitando as memórias da pátria da indigna obscuridade em que hão permanecido até agora sepultadas. É este um dos fins a que se propõe os Anais da Biblioteca Nacional" (Cabral, 1877 *apud* Caldeira, 2015, p. 114).

Ainda no ensejo de seus feitos, Ramiz Galvão daria mais um passo em direção à ampliação do público da Biblioteca Nacional: a Exposição de História do Brasil, em 1881. Sua idealização é fruto da viagem à Europa (1873) citada anteriormente, ocasião em que foi "nomeado pelo governo imperial para representar o Brasil na Exposição Universal de Viena" (Caldeira, 2015, p. 82). Sede do Congresso Internacional sobre Patentes, a Exposição apresentava em suas vitrines inovações tecnológicas de 27 países, e representava à Viena a "oportunidade para o fortalecimento da imagem do Império no plano externo e atuar em favor da recuperação de seu prestígio, em um momento em que o país sofria consideráveis reveses em suas relações internacionais, incluindo perdas territoriais." (Malavota, 2021, p. 24).

As impressões de Ramiz Galvão sobre a Exposição foram documentadas tanto em seu relatório prestado ao Império[9] quanto em correspondências enviadas a Luiz Felipe Saldanha da Gama (Caldeira, 2015). Em suas cartas, destacamos dois momentos: as dúvidas de Ramiz Galvão em relação à própria efetivação da viagem, e, uma vez na Europa, seu entusiasmo em representar a Biblioteca Nacional e coletar livros que versassem sobre o Brasil. No estado de indeterminação de sua expedição, seu relato segue:

9 Galvão, Ramiz. Bibliothecas Públicas de Europa. Relatório apresentado ao Ministério dos Negócios do Império pelo Dr. Benjamin Franklin Ramiz Galvão em 31 de dezembro de 1874. In: Relatório apresentado a Assembleia Legislativa na 4ª sessão da 15ª Legislatura pelo Ministro e Secretário de Estado dos Negócios do Império, Dr. João Alfredo Corrêa de Oliveira, 1875, anexo D, p. 13 (Caldeira, 2015)

> Pelo modo porque escrevo, verás que ainda não tenho certeza alguma de ir em comissão do governo visitar esse velho mundo civilizado, cousa que aliás é hoje minha maior inspiração. [...] Posso assegurar-te que o que tenho são simples grandes esperanças, sobre o fundamento delas só o que te direi é que o Imperador prometeu "que se não esqueceria do meu desejo" [...], e que estou nomeado membro da comissão adjunta à comissão superior da Exposição Nacional na Corte, e encarregado de fazer um trabalho sobre o município neutro em geral, e em particular sobre as bibliotecas e imprensa da capital (IHGB, 1872 *apud* Caldeira, 2015, p. 85).

As "simples grandes esperanças" depositadas por Ramiz Galvão em sua vindoura nomeação transformaram-se na oportunidade tão desejada de compor a comissão imperial, e em sua visita à Europa o diretor uma gama de materiais que viriam a compor sua exposição:

> Em todas elas depois de haver estudado a parte relativa à organização, que é, como V. Exa sabe, o ponto capital da minha comissão, tive sempre o cuidado de indagar da existência de documentos relativos ao Brasil, e posto que não fosse grande a minha colheita neste particular tive todavia a fortuna de encontrar alguma coisa de que tomei nota e que tencionara comunicar a V. Exa (...). Aqui mesmo em Paris, onde atualmente me acho ultimando as compras de livros de que fui encarregado, encontrei na Biblioteca Nacional um bom número de manuscritos portugueses, dos quais estou fazendo uma lista que julgo não será destituída de interesse. Em Zurich não é de esperar que ache documentos deste gênero, mas em Lisboa os haverá em grande cópia, e

> por isso resolvi já demorar ali a minha estada além do prazo que me fora necessário e suficiente para visitar a sua biblioteca pública (Arquivo Nacional, 1874 *apud* Caldeira, 2015, p. 138).

Em análise historiográfica, François Hartog identifica que "a cultura histórica oitocentista construía uma ligação entre passado, presente e futuro, e o homem passava a se entender no mundo a partir da história" (Hartog, 2003 *apud* Caldeira, 2015, p. 118). A Exposição de História do Brasil, reunião de símbolos do "presente visível" e "passado invisível" (Pomian, 1984 *apud* Caldeira, 2015, p. 203) brasileiros, oferecia à Biblioteca Nacional espaço privilegiado no repertório da memória nacional.

Para além dos documentos trazidos pelo diretor em sua comissão de 1876, "o bibliotecário solicitou a particulares, instituições e aos governos das províncias o envio de documentos históricos, fossem como doações ou como empréstimos" (Caldeira, 2015, p. 193) para figurarem na exposição. Embora seu apelo não tenha sido atendido totalmente pelas províncias, o diretor recebeu uma ampla gama de "livros, manuscritos, cartas geográficas [...] autógrafos [...] medalhas, moedas, estampas, fotografias, quadros a óleo, desenhos e esculturas" (Amadeo, 2000 *apud* Caldeira, 2015, p. 193).

Após intenso período de trabalho, e cujos "preparativos duraram mais de um ano" (Abreu, 1917 *apud* Caldeira, 2015, p. 192), a Exposição de História do Brasil ganha data: dois de dezembro de 1881, dia do aniversário de D. Pedro II (Caldeira, 2015, p. 195). Contando com a visita do Imperador e de D. Teresa Cristina, o público no dia de sua abertura era seleto, e o evento foi reconhecido como "a mais importante exposição inaugurada na Corte" (Caldeira, 2015, p. 197), apesar de não ter sido poupada de duras críticas dos veículos "O Cruzeiro" e "Revista Ilustrada" (Caldeira, 2015, p. 202). Destacamos seu extenso catálogo (disponível para consulta nos Anais da Biblioteca Nacional) como fruto dos esforços de todos os funcionários da Biblioteca Nacional que contribuíram para sua organização, legando-nos um instrumento de pesquisa de valor inestimável.

Em seu discurso de abertura da exposição, um trecho da fala de Ramiz Galvão parece sintetizar o que buscou como diretor da Biblioteca Nacional: "O que fizemos, portanto, além de uma reverente homenagem ao passado, é um estudo de posição, que trará luz no porvir; além de uma hosana a Vésper que descambou no Ocidente, é um cântico de esperanças à estrela Dalva, que vai despontar no horizonte" (Galvão, 1881, p. 1 *apud* Caldeira, 2015, p. 206).

Após 12 anos à frente da Biblioteca Nacional, Ramiz Galvão deixou seu cargo de diretor para atender às necessidades de ensino dos netos do Imperador Pedro II em 1882 (Caldeira, 2015). Com a certeza de que fomentou ambiente propício ao pleno desenvolvimento da Biblioteca e de seus funcionários, continuará sendo referenciado como pioneiro em um novo modo de enxergar a instituição e o exercício profissional do bibliotecário: "Amai sempre a Biblioteca Nacional; alimentai sempre o fogo sagrado do patriotismo mais decidido, e eu, [...] arredado destes altares, aplaudirei com efusão os vossos triunfos, porque serão sempre os meus" (Galvão, 1882 *apud* Caldeira, 2015, p. 52).

6 A BIBLIOTECA NACIONAL SOB A DIREÇÃO DE MANOEL CICERO PEREGRINO DA SILVA

Em um intervalo de 26 anos a partir da saída de Ramiz Galvão, a Biblioteca Nacional passou por seis diferentes diretores, e cada um apresentou marcas de sua administração nesse período. No entanto, é a partir da gestão de Manoel Cícero Peregrino da Silva que observamos um novo ciclo de mudanças em seu funcionamento.

Recifense, Peregrino da Silva já trilhava seu caminho como diretor da Faculdade de Direito de seu Estado antes de ter recebido o convite para assumir a Biblioteca Nacional. Epitácio Pessoa, Ministro de Justiça e Negócios Interiores - Ministério ao qual a Biblioteca Nacional era submetida à época - enviou-lhe uma carta com a proposta, ressaltando que o cargo era mal remunerado, "mas a posição, porém, [...] bonita" (Bittencourt, 1955, p. 34-35 *apud* Juvêncio, 2016, p. 78). Após consideração, mudou-se para a capital e assumiu a direção da instituição, onde permaneceu por 24 anos.

Em sua chegada, deparou-se com o edifício da Biblioteca, que acumulava 47 anos no logradouro da Rua do Passeio, e já não poderia acomodar, aos olhos do diretor, seu vasto e rico acervo. As queixas eram variadas, e relatadas nos Anais sob sua redação: não havia espaço para a chegada de mais livros no prédio (por exceção da 2a Seção, que à época era destinada aos manuscritos), fator que resultava em livros raros, por vezes, expostos na sala de leitura; a iluminação era insuficiente tanto para exercício de atividades internas quanto de atendimento ao público; a ausência de resguardo a potenciais riscos de incêndio[10]. A inadequação do edifício ao funcionamento da Biblioteca Nacional constituía o alvo primário de mudanças encabeçadas pelo diretor.

Em breve retrospecto, desde sua vinda ao Brasil juntamente à Família Real, a Biblioteca nunca esteve um espaço projetado para sua operação. A ocupação e adaptação de edifícios que serviam a atividades díspares de uma biblioteca retratam o descaso observado pelo diretor: "só a construcção de um edificio apropriado poderá proporcionar á Bibliotheca Nacional a installação que ella com todo o direito reclama" (Silva, 1900, p. 632-633). Foi assim que em 1905 lançava-se a pedra fundamental do prédio em que a Biblioteca Nacional opera até a atualidade (situado na Avenida Rio Branco), e Peregrino da Silva preparava-se para uma viagem de caráter técnico aos Estados Unidos e à Europa, em 1907.

Similarmente à viagem de Ramiz Galvão, o objetivo do diretor era visitar instituições culturais, tomar contato com suas técnicas em relação ao acervo, modelos de gestão, e obter referências para guiar seu trabalho no Brasil. Também visitou as fábricas de materiais utilizados nessas instituições (em suas mesas, cadeiras, estantes, etc.), que seriam posteriormente encomendados para a construção do novo edifício

10 "Edificio - Não é assumpto em que seja preciso insistir o da insuficiencia e má situação do edificio ocupado pela bibliotheca desde 1858. A necessidade de novo edificio impõe-se inilludivel pela absoluta falta de espaço para accomodação das acquisições e dos volumes que voltam encadernados. Só a 2a secção pode por algum tempo esperar. As outras já não têm para onde se estender. Nas salas de leitura da 1a secção, a principal das quaes é um corredor, onde não penetra bastante luz, acham-se dispostas, ao longo das paredes, estantes repletas de livros, alguns raros, inconveniente a que urge remediar por difficultar enormemente a fiscalisação. O mesmo acontece na passagem para essas salas. No actual edificio não é possivel dar á consulta publica as condições de commodidade que lhe são necessarias. Por outro lado contunúa o edificio exposto ao risco de um incendio, situado entre estabelecimentos de natureza a justificar taes receios, perigo que o meu antecessor debalde se esforçou por fazer cessar. Não me parece porem conveniente transferir a bibliotheca para algum predio vasto e bem situado, mas que construido para fim diverso que não reuna as condições necesarias ao fim todo especial a que teria de ser destinado. Só a construcção de um edificio apropriado poderá proporcionar á Bibliotheca Nacional a installação que ella com todo o direito reclama." (SILVA, 1900, p. 632-633).

da Biblioteca Nacional. Adicionalmente, pretendia-se coletar o "que traduzisse a carga simbólica que a instituição representava para a cultura, as letras da Capital Federal e a própria identificação que a Biblioteca provia para a nação e o Estado brasileiro" (Biblioteca Nacional, 2010 *apud* Juvêncio, 2016, p. 136).

Após percorrer as bibliotecas do Congresso Americano, de Nova Iorque, de Leipzig, do Vaticano e de Paris, o Arquivo de Marinha e Ultramar da Biblioteca de Lisboa, o Arquivo e Biblioteca de Haia, o Museu de Amsterdã e o Instituto Internacional de Bibliografia, em Bruxelas (Juvêncio, 2016), Peregrino da Silva regressa ao Brasil para dar início a três projetos: a inauguração do edifício e seu aparato operacional; a reformulação do regulamento da Biblioteca Nacional, e a instituição do primeiro curso de Biblioteconomia no Brasil.

Sob seu pórtico, projetado e executado por Francisco Marcelino de Souza Aguiar (Spinelli Junior, 2010), Peregrino da Silva participou da cerimônia inaugural de seu maior empreendimento à frente da instituição, e discursava aos presentes: "o triumpho é agora completo" (Silva, 1915, p. 394). Embora símbolo de sua administração, tal triunfo não limitou-se ao diretor, que mencionou os esforços aplicados por aqueles que o precederam em prol da reivindicação de um espaço reservado à Biblioteca Nacional, citando-os nominalmente. Frei Camillo de Monserrate, "espirito clarividente que comprehendeu nitidamente a situação do estabelecimento confiado á sua superior competencia, e, si não obteve que se desse satisfação a todas as necessidades deste, de nenhuma dellas se esqueceu" (Silva, 1915, p. 394-395); Ramiz Galvão, "reputado bibliographo, o maior dos bibliothecarios que têm passado por este estabelecimento e seu reorganisador" (Silva, 1915, p. 394-395); e por último, uma figura inédita no texto, que precedeu o cargo agora ocupado por Peregrino da Silva, "José Alexandre Teixeira de Mello, poeta, historiador e bibliographo, que deixou as mais evidentes provas do seu muito amor á Bibliotheca" (Silva, 1915, p. 394-395).

A cerimônia foi recheada de signos, uma vez que 1910 era o primeiro centenário de fundação da Biblioteca Nacional no Brasil. Cem anos de reivindicações que culminaram, finalmente, em seu ápice institucional: "confortavelmente installada, dotada de mobiliario e dispositivos apropriados, de modo a poder ser considerada sob o ponto de vista material, como um dos mais adiantados estabelecimentos do seu genero" (Silva, 1915, p. 395).

O edifício foi inaugurado com o resplendor que o acompanharia ao longo dos anos:

> A Biblioteca Nacional, na posição de mais importante acervo do país, herdeira de um patrimônio real e imperial, instalada condignamente e dirigida por um dos maiores administradores que já passaram pela instituição, tornou-se credora da confiança dos homens públicos e de cultura que continuaram desta data em diante a prestigiá-la, enriquecendo-a de valiosos tesouros bibliográficos (Cunha, 1980, p. 167).

Ressaltava o diretor, no entanto, a necessidade de vigilância em relação à insuficiência de pessoal que ainda se estabelecia na instituição: "resta á Bibliotheca o problema da constituição do pessoal que lhe há de servir com carinho, interesse e enthusiasmo e sem o qual de nada valerão a solidez e a magnificencia desta construcção" (Silva, 1915, p. 395). Para Peregrino da Silva, conseguir edifício adequado era questão de "persistencia, tenacidade, saber querer e saber esperar"

(Silva, 1915, p. 395), enquanto a composição ideal do corpo de funcionários da biblioteca "depende de tantas circumstancias que, por maiores cautelas e garantias de que se tenha de revestir o provimento dos cargos, se me afigura de difficilima solução" (Silva, 1915, p. 395).

A noção apresentada pelo diretor de que a dedicação empreendida pelo funcionário é o que valida e autoriza a grandeza da Biblioteca Nacional adiciona maior complexidade ao provimento dos cargos: "É necessario que a Bibliotheca seja sempre digna do monumental edificio que se inaugura" (Silva, 1915, p. 395).

Peregrino da Silva encontrava-se às voltas com a elaboração de novos critérios ao ingresso na instituição, de modo que unissem a técnica necessária no exercício diário à paixão em servir a Biblioteca Nacional:

> muito recommendam o funccionario uma intelligencia superior e uma variada cultura; mas, se a tão invejaveis qualidades elle não allia o amor á ordem, a honestidade, a comprehensão do dever, a assiduidade e uma grande capacidade de trabalho, não está em condições de ser admittido, porque se tornará inutil, se não prejudicial (Silva, 1916, p. 4).

A partir de tal inquietude, e em 1911 o diretor apresentaria, juntamente ao novo regulamento da Biblioteca Nacional, o regimento do primeiro curso de Biblioteconomia no Brasil.

6.1 Primeira fase do Curso de Biblioteconomia (1915-1922)

Como grande parte da trajetória institucional abordada até aqui, não haveria exceção ao desenvolvimento do curso de

Biblioteconomia: sua efetivação encontraria percalços no caminho. Inicialmente, Peregrino da Silva delineava os pré-requisitos ao ingresso no curso, e concluiu que seriam aceitos somente aqueles que "tiverem seguido um curso de humanidades ou se submetterem a um exame de admissão" (Silva, 1916, p. 5).

Em termos de disciplinas ministradas pelo curso, seriam quatro: "Bibliographia, Paleographia e Diplomatica, Iconographia e Numismatica" (Silva, 1916, p. 5). As disciplinas refletiam, respectivamente, as seções da Biblioteca: "Impressos, Manuscriptos, Estampas e Cartas Geographicas, Moedas e Medalhas" (Silva, 1916, p. 5). Os professores encarregados do ensino seriam os bibliotecários responsáveis de cada seção, traçando um íntimo contato entre teoria e prática profissional no âmbito da Biblioteca Nacional. A partir disso, é possível compreender a própria instituição como ambiente de capacitação de uma geração de profissionais, e apontava ao desenvolvimento de um estreito laço - que fortaleceria-se com o passar dos anos - entre o ensino e a prática bibliotecária.

O curso, que deveria ter seu início em 1912, se viu forçado a encerrar o período letivo por desistência dos funcionários que haviam se inscrito. Em 1913, nenhum candidato apresentou sua matrícula, algo que se repetiria em 1914. Após consecutivas frustrações em silêncio, Basílio de Magalhães, diretor interino da Biblioteca, manifestava-se: "É para sentir que não tenha sido possível até agora colher os resultados beneficos que do funccionamento do curso se devem esperar" (Magalhães, 1918, p. 684). Magalhães lamentava tanto pela instituição, que carecia de pessoal qualificado, quanto pelos próprios bibliotecários em potencial, que poderiam vislumbrar oportunidades em bibliotecas de todo o país (Magalhães, 1918).

O ano de 1915 parecia mais promissor: 27 alunos inscreveram-se no curso, dos quais 12 eram funcionários da instituição. Porém, ao final do ano letivo, apenas quatro alunos estavam aptos a prestar as provas de habilitação - o restante havia ultrapassado a tolerância de faltas definida no regulamento do curso - e destes, "nenhum quiz prestar-se á prova final de habilitação" (Silva, 1916, p. 367). Ainda assim, Peregrino da Silva permanecia esperançoso: "Apesar do resultado do curso em 1915, penso que não ha como desconhecer a vantagem de tão util creação. Certo ella fructificará, e é de crer se torne uma fonte de grandes beneficios para o conhecimento mais profundo e, portanto, mais proveitoso em nosso paiz [...]" (Silva, 1916, p. 367).

Após a sequência de quatro anos infrutíferos do curso, em 1916 a Biblioteca Nacional formaria a sua primeira turma de Bibliotecários. De seis inscritos, dois encontravam-se aptos a realizar a prova de habilitação e formaram-se: eram eles Carlos Mariani e Luiz Côrte-Real de Assumpção. Em 1917, de cinco alunos matriculados, formou-se um: Emmanuel Eduardo Gaudie Ley. Em 1919, sete alunos matricularam-se, e três foram formados: Mario Gomes de Araujo, João Carlos Moreira Guimarães e Moysés de Almeida e Albuquerque. Finalmente, 1922, de quatro inscritos, temos dois alunos formados, e apenas um foi identificado: Floriano Bicudo Teixeira (Weitzel, 2010).

Estes seriam os últimos alunos formados durante a configuração inicial do Curso de Bibliotheconomia idealizado pelo diretor, que deixou o cargo de direção da Biblioteca Nacional ainda na década de 1920. Seu legado transcende a própria instituição, e espalha-se por grande parte da administração pública brasileira - contexto em que é lembrado e louvado por sua atuação. Apresentamos, a seguir, um resumo de atividades de sua primeira fase de funcionamento, e avançaremos até sua restituição.[11].

Quadro 1 Resumo de atividades - Curso de Bibliotheconomia (1915-1922)

Ano	Alunos matriculados	Alunos formados
1915	27	0
1916	6	2 (Luiz Côrte-Real de As-sumpção ; Carlos Mariani)
1917	5	1 (Emmanuel Eduardo Gau-die Ley)
1918	-	-
1919	7	3 (Mario Gomes de Araujo; João Carlos Moreira Guima-rães; Moysés de Almeida e Albuquerque)
1920	-	-
1921	-	-
1922	4	2 (Floriano Bicudo Tei-xeira e aluno não identi-ficado) (Weitzel, 2010, p. 168)

Fonte: Elaboração dos autores com base nos Anais da Biblioteca Nacional, 1876-.

Após o ano de 1922, o curso sofreria um hiato de nove anos, retomando suas atividades sob novo regimento em 1931.

11 Em 1922, sob novo regulamento, o Curso de Bibliotheconomia passou a ser chamado de "Curso Technico", e sua iniciativa era criar um currículo comum entre a Biblioteca Nacional, o Arquivo Nacional e o Museu Histórico Nacional.

Seu elo estabelecido com a Biblioteca Nacional foi único: "Entre Manuel Cícero e a Biblioteca houve afinidade: ele tem especial compreensão a respeito dela, tem intuição daquilo em que ela podia se tornar ampliando-se. A Biblioteca então é ele, é ele que se projeta na renovação do serviço público" (Bittencourt, 1967, p. 145 *apud* Andrade, 2008, p. 8). Tendo seus maiores esforços voltados em prol da instituição, o diretor forneceu ferramentas para que, mesmo após sua saída, o ideal de dedicação à Biblioteca Nacional perdurasse nos profissionais que cruzaram por sua gestão, e principalmente nos egressos do Curso.

6.2 Segunda fase do Curso de Biblioteconomia (1931-1943)

Restabelecido por meio do decreto n. 20.673 de 1931, o Curso de Biblioteconomia (com sua grafia moderna) finalmente voltava a operar na instituição. Embora o primeiro ano tenha tido como professores dois personagens já conhecidos (Constâncio Antônio Alves e Mario Behring), o volume de matriculados era inédito: 31 inscritos, dos quais formaram-se 21 (Garcia, 1933). Em apenas uma convocatória de matrícula, os números de bibliotecários formados já superam os da primeira fase.

No entanto, é a partir do ano de 1933 que vemos o retorno dos egressos para a composição do corpo docente do curso. "Carlos Mariani lecionou Bibliografia; José Bartolo da Silva lecionou Paleografia e Diplomática; Eugênio Teixeira de Macedo e Floriano Bicudo Teixeira lecionaram Iconografia; Emmanuel Eduardo Gaudie Ley lecionou História Literária aplicada à Bibliografia" (Garcia, 1935, p. 465). Cabe salientar a presença dos egressos também em atividades relevantes à instituição, fora do campo da docência. Acreditamos que o melhor exemplo seria o resgate documental na Casa dos Contos, em Ouro Preto, na década de 1920 (Souza, 1931).

Dividida em duas comissões, a primeira encabeçada por Manoel Cassius Berlink (1921) e a segunda por Emmanuel Eduardo Gaudie Ley (1922), as viagens tinham como objetivo a recuperação de manuscritos do Século XVIII, abandonados em um casarão antigo (Souza, 1931). Uma vez autorizados pelo Ministério da Justiça e Negócios Interiores, os funcionários partiram rumo a Casa dos Contos, outrora centro administrativo da Capitania de Minas Gerais, responsável pela coleta de impostos (principalmente sobre ouro e diamantes), e pela elaboração de relatórios fiscais à Portugal (Serrath, 2022), operava, em 1921, como "Agência dos Correios" (Souza, 1931, p. 269). A mudança da capital mineira de Ouro Preto para Belo Horizonte significava também a transposição de todo o aparato financeiro de Minas Gerais. Cessavam as atividades da Casa dos Contos, e seus documentos e registros, abandonados em seu interior (Fonseca, s.d.).

O estado de preservação dos documentos era sofrível: "o serviço no sótão da Casa dos Contos, onde encontrei duas salas de baixo, pilhas de papéis, com vidros quebrados por cima" (Cunha, 1992, p. 94). Ainda assim, as duas viagens resultaram na disponibilização de 12 mil documentos, compreendendo o período de 1701 a 1889, que foram posteriormente digitalizados pela BN Digital. Sua disponibilização configura-se como "fundamental para a história setecentista brasileira" (Serrath, 2022, p. 176). Esse trabalho de recuperação da história destaca a importância do Curso na capacitação dos profissionais da Biblioteca Nacional, e no estímulo fomentado por seus dirigentes ao longo dos anos: da Biblioteca à Nação.

Em termos numéricos, o Curso de Biblioteconomia, entre 1933 e 1943, contou com 1014 matriculados, dos quais formaram-se 480 bibliotecários. A partir de uma rápida comparação à primeira fase do Curso, em que observamos um aproveitamento de 16,33% na relação inscritos/formados em 7 anos, a segunda obteve 47,34% em 10 anos de funcionamento[12]. Embora os números em si não reflitam aspectos qualitativos de ambas as fases do Curso, oferecem pistas da crescente relevância do estudo de Biblioteconomia no país, e que estenderia-se através do tempo, na figura das Universidades Federais.

7 CONSIDERAÇÕES FINAIS

A travessia atlântica da Biblioteca Real representa o prenúncio de uma história atravessada por viagens e viajantes, que formam uma "malha emaranhada de caminhos de idas e vindas, deixados pelas pessoas enquanto caminham de um lugar a outro" (Ingold, 2015, p. 235). Acreditamos que as figuras centrais de nossa instituição, nesse aspecto, são Ramiz Galvão e Manoel Cícero Peregrino da Silva, uma vez que "a tarefa do peregrino [...] não é encerrar um roteiro recebido de antecessores, mas, literalmente, negociar um caminho através do mundo" (Ingold, 2000a, p. 146-147 *apud* Ingold, 2015, p. 239). Diversas aberturas aproveitadas pela Biblioteca Nacional somente

12 Levantamento feito a partir dos Relatórios Anuais de funcionamento do curso entre 1915-1922 e 1933-1943. Após a coleta dos números citados em relatórios, comparamos a razão entre inscritos e formados dos dois períodos. Durante a primeira fase, a razão de 49/8 oferece um aproveitamento de 16,33%; já na segunda fase, a razão de 1014/480 resulta em um aproveitamento de 47,34%.

existiram a partir desta negociação - regulamentos, exposições, cursos, entre outros - são avanços provenientes de diálogo com o mundo.

Observamos ao longo do texto itinerários que posicionam a Biblioteca Nacional como ponto de partida e chegada, fomento e colheita: "Todo conhecer é como viajar, como uma jornada entre as partes de uma matriz" (Turnbull, 1991, p. 35 *apud* Ingold, 2015, p. 235). Nossa matriz, na figura da Biblioteca, é também o Brasil, representado nas ações de ambos os diretores.

Suas reivindicações são exemplos do cultivo inicial da Biblioteconomia - solo sobre o qual ergue-se indefinidamente - e cada uma de suas ramificações leva adiante a reminiscência da Biblioteca Nacional. A recusa ao estático em sua trajetória garantiu a completude de seu valor institucional à Nação. A preservação de seus movimentos - e a ampliação de sua pluralidade - é também levar adiante o ideal de biblioteca democrática e pulsante, cuidadosamente moldado por seus diretores, funcionários e alunos ao longo dos anos.

REFERÊNCIAS

ANAIS DA BIBLIOTECA NACIONAL, Rio de Janeiro, 1876-.

ANDRADE, Rosane Maria Nunes. Manuel Cícero Peregrino da Silva: um homem público na Primeira República. In: **Encontro de História Anpuh-Rio**, 13, p. 1-8, 2008, Rio de Janeiro. Anais *Identidades*, Rio de Janeiro, ANPUH-RIO, 2008. Disponível em: http://encontro2008.rj.anpuh.org/resources/content/anais/1212798942_ARQUIVO_TrabalhoAnpuhRuralIdentidades.pdf. Acesso em: Set. 2024.

BIBLIOTECA NACIONAL. **Fundação Biblioteca Nacional**. São Paulo: Banco Safra, 2004.

CALDEIRA, Ana Paula Sampaio. **O bibliotecário perfeito: o historiador Ramiz Galvão na Biblioteca Nacional**. 2015. 362 f. Tese (doutorado) - Centro de Pesquisa e Documentação de História Contemporânea do Brasil, Programa de Pós-Graduação em História, Política e Bens Culturais, FGV, Rio de Janeiro, 2015. Disponível em: https://repositorio.fgv.br/items/85526f12-de8f-41cc-a8ae-328a0f53af45. Acesso em: Set. 2024.

CALDEIRA, Ana Paula Sampaio. Ramiz Galvão e a ideia de biblioteca como vitrine da nação: modelos europeus e trocas culturais no processo de modernização da Biblioteca Nacional. **História** (São Paulo) v.36, e24, 2017. Disponível em: https://www.scielo.br/j/his/a/QkNtJdwTw4Y4PKyQYFtbN9j/?format=html&lang=pt. Acesso em: Set. 2024.

CUNHA, Lygia Fonseca F. da. **O acervo da Biblioteca Nacional**. In: Brasil 1900-1910. Rio de Janeiro: Biblioteca Nacional, p.143-168, 1980. Disponível em: https://objdigital.bn.br/acervo_digital/div_obrasgerais/drg1019215.pdf. Acesso em: Set. 2024.

CUNHA, Murilo Bastos da; CAVALCANTI, Cordélia Robalinho de Oliveira. **Dicionário de Biblioteconomia e Arquivologia.** Brasília, DF: Briquet de Lemos, 2008.

CUNHA, Waldir da. Manuscritos da Inconfidência Mineira: coleções, arquivos e gavetas. In: **Anais da Biblioteca Nacional do Rio de Janeiro**, p. 87-119, 1992.

D'ALINCOURT, Luiz. Capítulo XVII, Historia, Artigo 1o. Historia Civil. **Annaes da Bibliotheca Nacional do Rio de Janeiro,** p. 89-142, 1880.

FERREIRA, Silvestre Pinheiro. Memorias e cartas biographicas, Terceira Serie, Carta XXII. **Annaes da Bibliotheca Nacional do Rio de Janeiro**, p. 182-185, 1877.

FONSECA, Paulo Miguel Moreira da. **Casa dos Contos**. In: Rede da Memória Virtual Brasileira, s.d. Disponível em: https://bndigital.bn.gov.br/dossies/rede-da-memoria-virtual-brasileira/administracao/casa-dos-contos/. Acesso em: 16 mar. 2025.

GAMA, João Saldanha da. Esboço Historico. **Annaes da Bibliotheca Nacional do Rio de Janeiro**,v. 11, 1885.

GARCIA, Rodolfo. A Biblioteca Nacional em 1932. **Anais da Biblioteca Nacional do Rio de Janeiro**, v. 62, p. 529-545, 1933.

GARCIA, Rodolfo. A Biblioteca Nacional em 1934. **Anais da Biblioteca Nacional do Rio de Janeiro**, v. 62, p. 460-485, 1935.

GARCIA, Rodolfo. A Biblioteca Nacional em 1940. **Anais da Biblioteca Nacional do Rio de Janeiro**, v. 62, p. 382-415, 1941.

GAUDIE LEY, Caio da Gama. **De joia real a bastião republicano: travessias que consolidam a Biblioteca Nacional**. 2023. 100 f. Trabalho de Conclusão de Curso (Graduação em Biblioteconomia e Documentação) - Instituto de Arte e Comunicação Social, Universidade Federal Fluminense, Niterói, 2023. Disponível em: https://app.uff.br/riuff/handle/1/32251. Acesso em: 20 abr. 2025.

GAUDIE LEY, Caio da Gama. O legado do curso de biblioteconomia para a Biblioteca Nacional: os primeiros egressos. **Conhecimento em Ação**, Rio de Janeiro, v. 5, n. 1, jan/jun. 2020. Disponível em: https://revistas.ufrj.br/index.php/rca/article/view/30028/19810. Acesso em: Set. 2024.

INGOLD, Tim. **Estar vivo:** Ensaios sobre movimento, conhecimento e descrição. Petrópolis, RJ: Editora Vozes, 2015 (Coleção Antropologia).

JUVÊNCIO, Carlos Henrique. **Manoel Cícero Peregrino da Silva, a Biblioteca Nacional e as origens da Documentação no Brasil**. 2016. 2 v., il. Tese (Doutorado em Ciência da Informação) – Universidade de Brasília, Brasília, 2016. Disponível em: http://www.realp.unb.br/jspui/handle/10482/22530?locale=fr. Acesso em: Set. 2024.

MAGALHÃES, Basílio de. A Bibliotheca Nacional em 1915. **Annaes da Bibliotheca Nacional do Rio de Janeiro**, v. 41 - 42, p. 673-689, 1918.

MALAVOTA, Leandro M. A Exposição Internacional de Viena de 1873 e o Congresso Internacional sobre Patentes. **Revista Brasileira de História da Ciência**, Rio de Janeiro, v. 14, n. 1, p. 22-35, jan-jun 2021.

MELLO, José Alexandre Teixeira de. Resumo historico. **Annaes da Bibliotheca Nacional do Rio de Janeiro**, v. 19, p. 219-243, 1897.

OLIVEIRA, Ricardo de. As metamorfoses do império e os problemas da monarquia portuguesa na primeira metade do século XVIII. **Varia historia**, v. 26, n. 43, Jun 2010, Disponível em: https://www.scielo.br/j/vh/a/Z9TXm4GnDwdBdM5pjCSRrTw/?lang=pt. Acesso em: Set. 2024.

SANCHES, António Nunes Ribeiro. **Tratado da conservaçaô da saude dos povos.** Paris: Bonardes e du Beux, 1756.

SANJAD, Nelson. Exposições internacionais: uma abordagem historiográfica a partir da América Latina. **História, Ciências, Saúde – Manguinhos**, Rio de Janeiro, v. 24, n. 3, jul.-set. 2017, p.785-826.

SCHWARCZ, Lilia Moritz; COSTA, Angela Marques; AZEVEDO, Paulo Cesar de. **A longa viagem da Biblioteca dos Reis**: do terremoto de Lisboa à Independência do Brasil. São Paulo: Companhia das Letras, 2002.

SERRAI, Alfredo. História da Biblioteca como evolução de uma idéia e de um sistema. **R. Esc. Bibliotecon.** UFMG, Belo Horizonte, 4 (2) : 141-61, set. 1975. Disponível em: https://periodicos.ufmg.br/index.php/reb/article/view/36168/28322. Acesso em: jun. 2023.

SERRATH, Pablo Oller Mont. Coleção Casa dos Contos da Fundação Biblioteca Nacional. **História Unisinos,** v. 26, nº 1 - Jan./Abr., 2022.

Disponível em: https://www.gov.br/bn/pt-br/atuacao/pesquisa-e-editoracao/programa-nacional-de-apoio-a-pesquisa/pnap-2019/pablo-unisinos.pdf. Acesso em: Set. 2024.

SILVA, Manoel Cícero Peregrino da. Relatorio do director. **Annaes da Bibliotheca Nacional do Rio de Janeiro**, v. 23, p. 587-639, 1900.

SILVA, Manoel Cícero Peregrino da. A Bibliotheca Nacional em 1910. **Annaes da Bibliotheca Nacional do Rio de Janeiro**, v. 34, p. 367-397, 1915.

SILVA, Manoel Cícero Peregrino da. A Bibliotheca Nacional em 1913. **Annaes da Bibliotheca Nacional do Rio de Janeiro**, v. 36, 1916.

SOUZA, Aurelio Lopes de. A Bibliotheca Nacional em 1921 e 1922. **Annaes da Bibliotheca Nacional do Rio de Janeiro**, v. 43-44, p. 247-275, 1931.

SOUZA, Aurelio Lopes de. Conferencias promovidas pela Bibliotheca Nacional e realizadas em 1915. **Annaes da Bibliotheca Nacional do Rio de Janeiro**, v. 40, p. 459-478, 1923.

SPINELLI JUNIOR, Jayme. Guia de preservação e segurança da Biblioteca Nacional. **Anais da Biblioteca Nacional do Rio de Janeiro,** v. 127, p. 7-99, 2010.

WEITZEL, Simone da Rocha. Desenvolvimento de Coleções no curso de biblioteconomia da Biblioteca Nacional (1915-1949). **Anais da Biblioteca Nacional do Rio de Janeiro**, v. 130, p. 111-221, 2010.

A Edificação da Biblioteca Nacional do Brasil (do Carmo à Avenida Central): ocupação física, gestores e processos

Jaqueline Santos Barradas[1]

Resumo

Investiga o processo de planejamento, construção e instalação da edificação da Biblioteca Nacional do Brasil desde a primeira sede na rua do Carmo à Avenida Central, centro do Rio de Janeiro, no período Republicano. Reúne a cronologia dos gestores, bibliotecários e diretores, a fim de compreender suas motivações e ações, bem como sistematizar dados, fatos e informações sobre a ocupação física e os processos de manutenção de cada sede. Trata-se de uma pesquisa bibliográfica e documental, cujo recorte temporal é de 1870 a 1912, correspondente à parte da gestão de Benjamim Franklin Ramiz Galvão (1870-1882) até um ano após a inauguração do edifício na antiga Av. Central (1911), na gestão de Manuel Cícero Peregrino da Silva (1900-1924). Utilizou-se abordagem qualitativa, por meio da análise dos dados e fatos em documentos contidos no acervo da Fundação Biblioteca Nacional, relacionando estudos do histórico das edificações às ações e à regulamentação da biblioteca. Os resultados evidenciaram parte importante da história da Biblioteconomia Brasileira ao longo do

1 Doutora em Ciência da Informação (2015), Mestre em Administração (2008) e graduada em Biblioteconomia (1988). Pesquisadora, extensionista e docente do Departamento de Biblioteconomia (DEPB) e do Programa de Pós-graduação em Biblioteconomia (PPGB), ambos da Universidade Federal do Estado do Rio de Janeiro (UNIRIO). ID Lattes: http://lattes.cnpq.br/5206195266468729. ORCID: https://orcid.org/0000-0002-0932-9764

período estudado, ao descortinar ações estratégicas e práticas de gestão relacionando pessoas, processos e acervos.

Palavras-chave: Biblioteca Nacional; Brasil; edifício; gestores; processos de manutenção.

Abstract

This study investigates the planning, construction, and installation process of the National Library of Brazil, from its first headquarters on Rua do Carmo to Avenida Central, in downtown Rio de Janeiro, during the Republican period. It seeks to gather the chronology of managers, librarians, and directors in order to understand their motivations and actions, as well as to systematize data, facts, and information about the physical occupation and maintenance processes of each headquarters. This is a bibliographic and documentary study, whose time frame is from 1870 to 1912, corresponding to part of the administration of Benjamim Franklin Ramiz Galvão (1870-1882) until one year after the inauguration of the building on the old Avenida Central (1911), during the administration of Manuel Cícero Peregrino da Silva (1900-1924). A qualitative approach was used, through the analysis of data and facts in documents contained in the collection of the National Library Foundation, relating the study of the history of the buildings to the actions and regulations of the library. The results highlighted an important part of the history of Brazilian Librarianship throughout the period studied, by revealing strategic actions and management practices relating to people, processes and collections.

Keywords: National Library; Brazil; building; managers; maintenance processes.

Ao transpor o oceano rumo ao novo reino, o príncipe Dom João VI trouxe consigo uma biblioteca. O Brasil independente transformou a velha coleção real em biblioteca oficial do novo país.
Luiz Antonio Lopes de Souza[2]

1 INTRODUÇÃO

A história das bibliotecas no Brasil constitui-se de avanços e retrocessos contextualizados, quase sempre, por questões político-econômico, socioculturais e tecnológicas, que ora edificam instituições e seus artefatos, ora destroem com descaso, verbas exíguas e até mesmo demolições, sem contar com os inúmeros desastres "naturais" como incêndios e inundações.

Bibliotecas nacionais constituem o que Carvalho (1994, p.23) denominou de "a memória documental da cultura de um país, é um museu de sua produção bibliográfica". Para Cunha e Cavalcante (2008, p.52) a biblioteca nacional tem o compromisso de reunir por meio de aquisição e conservar "exemplares dos documentos publicados no país", especialmente por meio da lei do depósito legal.

Para Juvêncio (2024, p. 23),

> as bibliotecas nacionais são herdeiras das tradições das bibliotecas reais, mas com um caráter mais amplo, visando a construção de uma identidade nacional e ancoragem da produção intelectual de uma nação em um único espaço institucionalizado e custodiada pelo

2 Curador adjunto da Exposição Brasil 200 anos, em cujo catálogo homônimo escreveu um dos prefácios, intitulado *100 anos de uma Arquitetura para o Saber*.

Estado, servindo de subsídio à afirmação identitária, ao mesmo tempo em que preserva a memória e a história.

A Biblioteca Nacional (BN) do Brasil é um desses casos. Nascida em 1808 com a chegada da família real portuguesa e instalada em 1810, cresceu exponencialmente ao longo de 215 anos. Os números a seu respeito impressionam: é considerada pela UNESCO como uma das 10 maiores bibliotecas nacionais do mundo, constituída por cerca de 10 milhões de itens, e a maior da América Latina (Biblioteca Nacional, [2018]).

Tem como missão institucional "garantir o direito à memória bibliográfica e documental do país", e como visão "Ser referência nacional e internacional na preservação e acesso ao patrimônio bibliográfico e documental brasileiros" (Fundação Biblioteca Nacional, 2018).

No decurso da pesquisa não foram localizados estudos sistematizados que investigassem sobre o planejamento e a construção arquitetônica do edifício sede da BN na Av. Rio Branco, bem como dos espaços que o antecederam, razão pela qual surge o interesse pelo tema. Porém, fatos e dados que permitiram tecer análises, encontram-se inseridos em diversos documentos localizados em seu acervo, o que possibilitou o aprofundamento teórico da história da BN e da Biblioteconomia Brasileira.

Estudar a história dessa edificação é estudar o Brasil, conforme aponta Marco Lucchesi, atual presidente da Fundação Biblioteca Nacional[3] (Brasil, 2023), e curador da exposição que deu origem

3 Empossado em 30 de maio de 2023.

ao livro *Biblioteca Nacional 200 anos*, ao ressaltar o entrelaçamento histórico da instituição com o próprio país:

> A história do Brasil e da BN formam um todo, uma relação íntima, profunda, espetacular. Há que considerá-las sob essa forte dependência. Partilham os mesmos dilemas, glórias e desafios. Não se pode abstrair uma da outra sem prejuízo de ambas. Como esquecer a primeira, sem prejuízo indelével da segunda? (Biblioteca Nacional, 2010, p.10)

A BN passou por mudanças de sede e também de nomenclatura, teve homens e mulheres ilustres na sua condução, que organizaram e administraram a instituição a partir da instauração de processos de trabalhos e procedimentos regulatórios.

Para tanto, a pesquisa buscou encontrar dados, fatos e informações sobre os três espaços físicos que abrigaram a Biblioteca ao longo dos 100 primeiros anos (1810-1910): a primeira sede que ocupou, em 1810, o Hospital da Ordem do Carmo; a segunda, instalada em 4 de agosto de 1858 na Rua do Passeio nº 48; e a terceira, inaugurada em 1910, na Av. Rio Branco nº 219-239, endereço em que se mantém até os dias atuais.

Igualmente importante é relacionar os agentes dessa historiografia, bibliotecários e diretores, que se esforçaram para manter cada sede em funcionamento, apesar de todas as dificuldades conhecidas e reconhecidamente evidenciadas pela literatura, já que se torna difícil tratar da "criatura" sem citar o criador. A partir das leituras e pesquisas realizadas compreende-se os feitos de gestores e suas equipes na busca de oferecer e suportar as melhores condições para abrigar acervos, pessoas, espaços físicos em prol do atendimento a uma sociedade.

Às suas biografias integram-se os documentos por eles produzidos a fim de instrumentalizar procedimentos regulatórios necessários ao efetivo funcionamento da instituição e que tem implicações diretas no desenvolvimento do acervo, no uso público do espaço pela população, desencadeando na necessidade de adequar o espaço físico, culminando nas mudanças de sede ocorridas.

Vale salientar que a titulação profissional conferida pelos escritos históricos evoluiu com o decorrer dos anos. O título de administrador maior da biblioteca era prefeito ou zelador, alterado a partir da adoção do 2º regulamento, aprovado em 1824 (Carvalho, 1994, p. 50). Bibliotecários referiam-se às pessoas atuantes nas práticas cotidianas, como o atendimento ao público, a produção de catálogos, a manutenção dos espaços, entre outros. O título de Diretor é usado desde 1889, quando foi instituída a República e a partir da reforma dos regulamentos (Biblioteca Nacional, 1960, p.23; Ermakoff, 2015, p.98).Como a formação específica em Biblioteconomia no país só começou em 1915, com o curso na Biblioteca Nacional, os eclesiásticos foram os principais profissionais em bibliotecas até a República, quando médicos, advogados entre outros profissionais liberais passaram a exercer a função. A legislação que regula a profissão foi instituida apenas na década de 1960 como prova do demorado processo de lutas e conquistas da área.

Neste sentido, justifica-se identificar esses sujeitos, suas origens, quais foram as suas contribuições para o campo profissional, e dentro do possível, as conexões que os levaram à Biblioteca. O *Guia da Biblioteca Nacional* (Biblioteca Nacional, 1960) publicado por ocasião do Sesquicentenário (1810-1960) da BN dedicou parte da publicação a evidenciar os nomes e títulos em seção denominada *Relações dos Diretores*, com dados como nome completo, data e local de nascimento e morte, títulos e realizações como dirigentes, de onde foram retirados boa parte das informações citadas ao longo do texto. Juvêncio (2024, p. 29-30) também sistematiza essas informações em um quadro, no qual evidencia a presença de religiosos na administração da Biblioteca durante o Primeiro e o Segundo Reinados.

No momento em que o mundo urge por soluções sustentáveis, econômicas e ambientais, compreender tal contexto torna-se essencial para defesa do patrimônio cultural nacional representado pela Biblioteca Nacional brasileira, mantido em suas estruturas físicas e memoriais.

2 OBJETIVOS

O objetivo geral deste estudo reside em investigar o processo de planejamento, construção e instalação da edificação da Biblioteca Nacional, desde a primeira sede na rua do Carmo à Avenida Central, no Brasil Republicano.

Como objetivos específicos pode-se elencar:

a. reunir a cronologia dos gestores, bibliotecários diretores da BN, a fim de compreender suas motivações e ações em relação à Biblioteca;
b. sistematizar dados, fatos e informações sobre a ocupação física e os processos de manutenção de cada sede da

BN, a fim de que se possa desvelar parte da história da Biblioteconomia Brasileira ao longo do período estudado.

3 PROCEDIMENTOS TEÓRICO-METODOLÓGICOS

Trata-se de uma pesquisa documental, com abordagem qualitativa, a fim de revelar dados e informações sobre o objeto investigado, ou seja, a edificação da Biblioteca Nacional brasileira, em busca de novas compreensões sobre o tema.

Para a pesquisa documental buscou-se fontes primárias, por meio de documentos digitalizados e nascidos digitais no portal da *Hemeroteca digital brasileira;* na *BNDigital* e no Mapa do Arquivo Nacional; e fontes secundárias, como livros e artigos de pesquisadores, que outrora se dedicaram a explorar a BN e que serviram de base para a fundamentação teórica.

Os *Annaes da Bibliotheca Nacional do Rio de Janeiro,* editados a partir de 1876 pela instituição, foram a potencial fonte de informação primária explorada, principalmente os volumes 18 até 34, onde foram publicados relatórios anuais de gestão dos anos 1895 a 1912, respectivamente, ao final de cada volume, evidenciando a transparência administrativa daqueles gestores, identificados a partir do Índice dos Anais da Biblioteca Nacional, v. 70, publicado em 1951 e recentemente pela publicação da *Relação dos Sumários dos Anais da Biblioteca Nacional,* Apêndice A, do livro de Juvêncio (2024).

O recorte temporal da pesquisa são os períodos de gestão de Benjamim Franklin Ramiz Galvão (1870-1882), quando foram criados os *Annaes* (1876) e deram publicidade aos relatórios, até um ano após a inauguração do edifício (1911) na gestão de Manuel Cícero Peregrino da Silva (1900-1924), publicado no volume 34 do mesmo periódico, relativo ao relatório do ano de 1912.

Para pesquisa bibliográfica utilizou-se a Base de Dados Referenciais de Artigos de Periódicos em Ciência da Informação (BRAPCI), a fim de coletar artigos científicos sobre o tema. Em uma busca com a combinação dos termos "biblioteca nacional" AND "Brasil" AND "edifício", marcada em TODOS, sem delimitação temporal, foi localizado um documento, não selecionado. Em outra busca com a combinação dos termos "biblioteca nacional" AND "Brasil" AND "prédio", marcada em TODOS, sem delimitação temporal, foram recuperados cinco artigos. Após leitura dos títulos e resumos, dois deles foram selecionados, lidos integralmente e estão parcialmente citados no texto. A pesquisa foi refeita periodicamente (de 2022 a 2025) para verificar a inserção de novos documentos, entretanto os resultados não foram alterados.

A pesquisa documental, cujas pistas originaram-se na etapa anterior, conduziram às fontes de informação contidas na Seção de Iconografia da Biblioteca Nacional, onde residem documentos originais da construção do edifício, plantas baixas, cortes e fachadas, objeto de análise no curso da pesquisa. Segundo Souza (*apud* Biblioteca Nacional, 2010, p.13), o legado documental da construção arquitetônica e adequações posteriores estão guardados no armário 22 da Iconografia, e "foram expostos no saguão do terceiro andar, por ocasião das comemorações do bicentenário da instituição".

Os resultados da pesquisa adotaram uma abordagem de cunho qualitativo evidenciados por meio de trechos recortados de documentos, metanálises, fotografias e plantas, entre outros, que expressam a realidade contextual nas entrelinhas do discurso. A análise dos dados e fatos relacionam o estudo do histórico das edificações com a ação dos dirigentes, alinhando ações e regulamentação, sistematizadas na próxima seção.

4 AS SEDES DA BIBLIOTECA NACIONAL E SEUS DIRIGENTES

A Biblioteca Nacional do Brasil (BN) nasceu no contexto da chegada da Coroa Portuguesa ao Brasil, após a invasão das tropas napoleônicas a Lisboa nos primeiros anos do século XIX.

> A partida às pressas da Corte portuguesa para o Brasil deixou para trás o acervo da Real Biblioteca. Acomodado em centenas de caixas, quedou no porto, sob sol e chuva, até ser levado de volta ao Palácio da Ajuda. Lá, permaneceu a salvo dos invasores franceses, enquanto se providenciavam a sua divisão em três partes e o seu despacho para o Brasil (Ermakoff, 2015, p. 95).

A remessa do material bibliográfico ao Brasil ocorreu em três momentos: a primeira parte do acervo chegou no início de 1810; "a segunda remessa sairia em março de 1811, a bordo da fragata Princesa Carlota, sob a responsabilidade do ajudante de bibliotecário, Luís Joaquim dos Santos Marrocos, da Biblioteca da Ajuda. A biblioteca se completaria com a chegada ao Rio de Janeiro dos últimos caixotes de livros em 19 de novembro de 1811" (Schwarcz, 2002, *apud* Almeida, 2020, p. 24).

O local inicialmente designado para guarda e acolhimento dos livros, cerca de 60 mil itens, em 1810, foi um andar superior do hospital, situado na atual Rua do Carmo, atrás da igreja dos Irmãos da Ordem Terceira do Carmo, centro da cidade do Rio de Janeiro. Alguns meses após, o Príncipe Regente determinou que se construísse uma nova ala no local para ocupação pela biblioteca. A promulgação do Decreto de 29 de outubro de 1810 (Brasil, 1810), marca a instalação efetiva da Biblioteca Nacional e é considerada como a data de sua fundação (Biblioteca Nacional, 1960, p.11).

Cada subseção a seguir aborda, sumariamente, dados, fatos e informações sobre os três espaços físicos que abrigaram a BN ao longo dos seus 100 primeiros anos (1810-1910), ao mesmo tempo em que se busca evidenciar as ações de gestão de seus dirigentes.

4.1 1ª SEDE – 1810 a 4 de agosto de 1858 – HOSPITAL DA ORDEM DO CARMO

A primeira sede abrigou a Biblioteca em dois períodos distintos: como Biblioteca Real (1810-1822), nomenclatura adotada do nascedouro até a Independência do Brasil e, a partir de 1822, como Biblioteca Imperial e Pública.

4.1.1 Biblioteca Real (1810-1822)

Ao chegar ao Rio de Janeiro, a Biblioteca Real foi acomodada nas salas do Hospital da Ordem Terceira do Carmo, na rua Direita, hoje Primeiro de Março, em 1810, ano considerado de sua fundação (Resumo [...], 1897, p. 222) e inaugurada em 13 de maio de 1811, data de aniversário do príncipe regente (Moraes, 2006, p. 93). Em princípio ocupou somente o andar superior do hospital; depois com as remessas de livros de Portugal estendeu-se ao pavimento térreo por meio do Aviso 3, de novembro de 1812 (Resumo [...], 1897, p.223). Posteriormente, foi transferida para o antigo cemitério da referida Ordem (Fonseca, 1979, p.25), ocupando três locais diferentes na Ordem Terceira do Carmo.

A Figura 1 ilustra o Convento do Carmo, em 1866.

Figura 1 – Paço Imperial, ao fundo, o Convento do Carmo - 1866

Fonte: Brasiliana Fotografia Digital. 2024 (Leuzinger, 1866).

O príncipe D. João nomeou dois prefeitos, Frei Gregório José Viegas, responsável pela administração, e Frei Joaquim Dâmaso, a quem coube seu "arranjamento e conservação". Suas funções foram desempenhadas até o retorno de ambos a Portugal, por ocasião da Independência, em 1822 (Moraes, 2006, p. 94). Vindo da Biblioteca do Palácio da Ajuda, um ajudante, Luís Joaquim dos Santos Marrocos, e alguns serventes completaram o quadro inicial de funcionários (Schwarcz, 2002, p. 274-275).

Em 1812 torna-se mandatório o recebimento de um exemplar de tudo que fosse impresso em Portugal e na Imprensa Régia, recém-instalada no Brasil. Conhecido pelo termo ***propinas***, hoje depósito legal, constitui-se de um fator de atualização e incremento ininterrupto do acervo da instituição (Ermakoff, 2015, p. 96), o que gerou a necessidade de mais espaço para abrigá-lo.

Em 1814, a BN deixou de atender apenas pessoas autorizadas pelo príncipe regente e abriu as portas para o público em geral (Ermakoff, 2015, p. 96). A decisão implicou adequar procedimentos protocolares de atendimento ao público e, consequentemente, destinação de um espaço apropriado.

O primeiro instrumento administrativo oficial foi publicado em 1821, denominado *Estatutos da Real Biblioteca, mandados ordenar por sua Magestade* (Carvalho, 1994, p. 47; Biblioteca Nacional, 2010). De acordo com Moraes (2006, p. 94), D. João "mandou imprimi-lo suntuosamente, em formato *in-fólio*, na Régia Tipografia. Trata-se do primeiro regulamento de biblioteca que se imprimiu no Brasil. Reflete, em seus 32 artigos, as praxes, rotinas e tradições da burocracia portuguesa, assim como as atribuições de cada funcionário, bem especificados (Moraes, 2006, p.94)". [4] Segundo Camargo (2011, n.p.) tal estatuto:

4 O texto completo do Regulamento encontra-se reproduzido em Moraes (2006, p. 223-234).

> dispunha também que todos os empregados gozariam dos mesmos direitos, privilégios, foros e preeminências dos criados da Casa Real. Para sua administração, havia um prefeito, um ajudante, dois escreventes e os serventes que fossem necessários. Ao prefeito caberia a organização da Biblioteca; a compra de livros e manuscritos, e sua posterior classificação; a nomeação de um livreiro encadernador; não consentir a instalação de oficina em área próxima, que pusesse em risco a Biblioteca; o tratamento adequado àqueles que viessem estudar; e dar ordens à guarda militar que ocupava suas dependências.

O Estatuto definia, ainda, processos técnicos de trabalho, e normas gerais de funcionamento, como pode ser observado nos trechos a seguir:

> [...] os estatutos previam a existência de um índice geral alfabético de todos os livros impressos, um índice dividido em classes ou matérias, uma lista das obras proibidas e uma contendo os livros e papéis manuscritos, e uma relação dos exemplares duplicados. A Biblioteca deveria abrir todos os dias que não fossem feriados, das nove da manhã ao meio-dia, reabrindo às quatro e meia da tarde para fechar antes do anoitecer, não sendo permitida a entrada de luz artificial. Contudo, se alguma "pessoa de consideração" desejasse, poderia ser aberta mesmo em feriado, sendo o empréstimo permitido somente com ordem do ministro diretor (Camargo, 2011, n.p.).

Nesse regulamento havia a preocupação com a conservação dos itens e da higienização dos espaços (artigo 23), assim como dos riscos relacionados ao fogo e aos incêndios (artigos 10 e 11).

Seu acervo foi enriquecido ao longo dos anos por meio de compra e doações, chegando a acumular 60 mil volumes. Moraes (2006, p. 94) destaca um trecho escrito pelo padre Luis Gonçalves dos Santos, ao descrever seus espaços e organização.

> [...] a Real Biblioteca tem sido muito bem arranjada, e repartida por diversas salas, segundo as diferentes classes de objetos científicos, ou de literatura, ou de que tratam os livros, de que ela se compõe, os quais estão hoje por uma ordem muito metódica, e fácil de se encontrar qualquer deles, quando são procurados pelos estudiosos.

A proclamação da Independência, em 1822, refletiu-se também na denominação da Biblioteca, como será visto a seguir.

4.1.2 Biblioteca Imperial e Pública (1822- 1831)

Com o retorno dos Bragança à Europa, a Real Biblioteca do Rio de Janeiro passou a ser propriedade do Estado, "[...] adquirida pelo Brasil, por 800 contos de réis, quantia, então, considerada exorbitante. A compra foi regulamentada pela Convenção Adicional ao Tratado de Paz e Amizade", de 29 de agosto de 1825, entre Portugal e Brasil, por ocasião do reconhecimento de nossa Independência (Biblioteca Nacional, 1960, [2018]).

Em 13 de setembro de 1824, com o Brasil já independente, um segundo documento foi aprovado: *Artigos Regulamentares para o Regimento da Bibliotheca Imperial e Pública,* cuja autoria é atribuída ao Frei Antônio Arrábida (Biblioteca Nacional, 1960, p.35; Carvalho, 1994, p.47). Entretanto, no documento editado pela BN, por ocasião das comemorações dos 150 anos da Biblioteca (Biblioteca Nacional, 1960, p.12), em *Notícia Histórica,* afirma-se que se deve "ao padre Felisberto Antônio Pereira Delgado, a feitura dos Artigos Regulamentares que regeram a Biblioteca[5]. Mais adiante, no Quadro 1, esse fato é esclarecido. Ao relacionar o nome dos gestores da Biblioteca durante o período compreende-se que ambos atuaram juntos, na mesma gestão.

Sobre os regulamentos, Almeida (2020) ressalta que "Apesar de sua importância, os textos de 1821 e 1824 expressam apenas uma regulamentação incipiente para a administração da biblioteca e do acervo. São regras pouco técnicas, que não ultrapassam os limites das generalidades, atendo-se à organização do prédio, aos títulos concedidos aos administradores e à arrumação dos móveis". Juvêncio (2024, p. 27) segue na mesma direção ao afirmar que a Proclamação da Independência não trouxe grandes alterações para a biblioteca "[...] de significativo, só a mudança no nome". Em 1824 passou a ser chamada de Biblioteca Imperial e Pública [da Corte], "evidenciando seu novo caráter, mais amplo, servindo além da realeza, a parte abastada da população" (Brasil, 1886, p. 135-138).

Almeida (2020, p. 28) ao pesquisar sobre conservação preventiva nos primeiros 30 anos da biblioteca verificou, ao reunir informações sobre a utilização dos outros espaços da biblioteca, alugados pela Ordem Terceira do Carmo, em documentos dos Livros de Contas e Ofícios, entre 1822 e 1850 que:

> o edifício de três andares, teve o sótão ocupado como moradia e serviu de depósito de coleções. O segundo andar, identificado como "andar nobre" ou "salão de leitura", guardava as coleções doadas e o acervo

5 Ver capítulo "Da Biblioteca Real à Biblioteca Imperial Pública: tesouros e dívidas" que trata do mesmo assunto.

> da biblioteca [...] O primeiro andar era identificado como o "quarto ou andar de baixo", sem especificar seu uso. Pelas características do edifício do século XVIII, tábua corrida no chão dos andares e portas altas com guarda-corpo no segundo andar, nos leva a pensar que as grades eram para as janelas do primeiro andar e que as pesadas máquinas de ferro, utilizadas pela oficina [de encadernação], ficariam assentadas no chão deste andar (Almeida, 2020, p. 28)

A autora apresenta ainda a planta baixa do primeiro e do segundo pavimentos (tracejados da figura 2), a fim de auxiliar na compreensão dos espaços ocupados pela biblioteca. (Almeida, 2020, p. 28).

Figura 2 - Plantas baixas de parte do edifício da Ordem Terceira do Carmo ocupado pela Real Biblioteca, e depois Biblioteca Imperial e Pública, entre 1810 e 1853

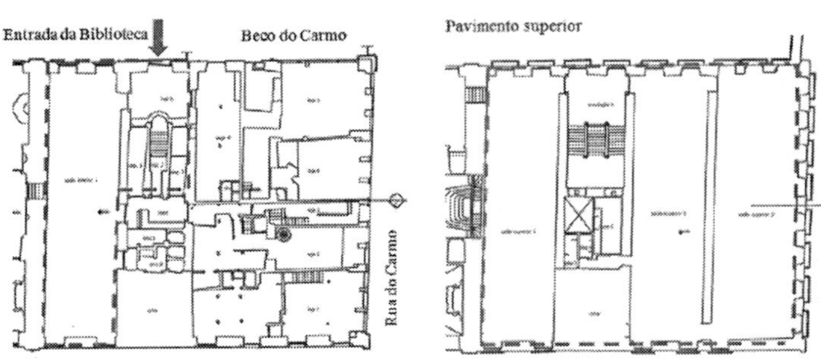

Fonte: Arquivo da Ordem Terceira do Carmo (2004). Plantas baixas levantadas pela arquiteta Mariana Vaz de Souza, da empresa Arquitetando Ltda (Almeida, 2020)

Almeida (2020) chama atenção sobre a importância para prevenção de acidentes como incêndio, "que uma vez destruiu a Real

Biblioteca[6], um risco que também assombrava a direção da Biblioteca Imperial e Pública". Para salvaguardá-la de tragédia dessa natureza, destaca que "Francisco Goulart, informou que o edifício possuía uma bomba para incêndios, mas que por falta de uso há alguns anos, seus tubos condutores, que eram feitos de sola, estavam enrijecidos. Sugeria que a trocassem ou a encaminhassem para a manutenção, para o bem da biblioteca" (Officio [1833-1839], 1837, p. 198 *apud* Almeida, 2020, p. 42).

Por fim, a autora comenta que "não se encontrou qual providência foi tomada pela Secretaria do Estado dos Negócios do Império em resposta a esta solicitação, mas os ofícios e relatórios sugerem que algumas frentes de trabalho no combate aos riscos para a biblioteca foram criadas e, na medida do possível, os problemas foram mitigados pelos seus diretores" (Almeida, 2020, p.43).

Observa-se que havia uma preocupação com a manutenção preventiva do acervo e do edifício contra as acidentes e intempéries. Os fatos associados supramencionados justificam por si o crescimento, tanto do acervo quanto da presença de público, mantidos em espaços inadequados, desencadeando na primeira mudança de sede.

A partir das leituras e pesquisas realizadas compreende-se os feitos de gestores e suas equipes na busca de oferecer espaço físico adequado e de suportar as melhores condições para abrigar acervos, pessoas, culminando nas mudanças de endereço ocorridas ao longo do tempo.

Às biografias dos gestores integram-se os documentos por eles produzidos a fim de instrumentalizar procedimentos regulatórios necessários ao efetivo funcionamento da instituição,

---

6 Refere-se ao incêndio ocorrido em 12 de novembro de 1755, durante um terremoto que assolou a capital lusitana.

cujas implicações diretas afetam o desenvolvimento do acervo e o uso público do espaço.

Assim, o Quadro 1 relaciona os primeiros encarregados, administradores e bibliotecários atuantes desde a última fase do Período Colonial (até 1822) a meados do 2º Reinado do Império (1853), quando ocorreu a mudança para a segunda sede da biblioteca.

Quadro 1 - Encarregados, Administradores e Bibliotecários da BN: 1810-1853

Intervalo de atuação na BN	Encarregados, administradores e bibliotecários
1810- 1821	Frei Gregório José Viegas (1753- 1840) (administrador)
1810-1822	Padre Joaquim Dâmaso (1777- 1833) (organização e conservação)
1817-1825	Luís Joaquim dos Santos Marrocos (1781-1838) (encarregado da direção e dos arranjamento das bibliotecas reais). Em 26 de setembro de 1817 foi designado ajudante da Biblioteca e por Decreto Real, de 22 de março de 1821, foi promovido a encarregado de direção e arranjamento na vaga de Frei Gregório.
1822-1831	Frei Antônio de Arrábida (1771-1850). Nomeado para a direção em 23 de outubro de 1822, foi o primeiro a exercer o cargo de bibliotecário após a Independência, até 16 de agosto de 1831.
1831-1833	Padre Felisberto Antonio Pereira Delgado (1774- ?). Serviu de ajudante no mandato anterior de Frei Arrábida.
1833-1839	Cônego Francisco Vieira Goulart (1???-1839)
1837-1839	Cônego Antônio Fernandes da Silveira (1795- 1862)
1839-1846	Cônego Januário da Cunha Barbosa (1780-1846)
1846- 1853	Dr. José de Assis Alves Branco Moniz Barreto (1819-1853)
1853 -1870	Frei Camilo de Monserrate (1818-1870). Assumiu a biblioteca em 29 de abril de 1853 até 9 de novembro de 1870. Promoveu a mudança para a 2ª sede na rua do Passeio.

Fonte: Sistematizada a partir de Carvalho (1994, p.183) e Biblioteca Nacional (1960, p.24)

Juvêncio (2024, p. 29) ressalta que "até a gestão do Cônego Antônio Fernandes da Silveira era permitida a gestão compartilhada da Biblioteca e justamente por isso algumas datas se sobrepõem". Entretanto, o autor não explicou no que consistia essa gestão compartilhada, ou seja, se um deles atuava na direção e o outro na organização/conservação/arranjamento, por exemplo. Algumas informações foram localizadas durante a pesquisa em curso, as quais serviram de subsídio para a construção do Quadro supramencionado.

4.2 - 2ª SEDE – 4 DE AGOSTO DE 1858 A 29 DE OUTUBRO DE 1910 - RUA DO PASSEIO Nº 48

Frei Camilo de Monserrate (1818-1870), bibliotecário entre 1853 e 1870, foi o responsável pela transferência do acervo para a rua do Passeio."A partir de sua posse em 1853, começa a primeira batalha pela conquista de local mais amplo e que melhor comporte a florescente instituição" (Biblioteca Nacional, 1960, p.12). As fragilidades do antigo prédio e serviços são ressaltados em Memorial dirigido ao Imperador D. Pedro II, em 1853.

> [...] os bastimentos do antigo hospital dos carmelitas não são nem vastos, nem claros, nem salubres para oferecer uma situação de segurança para as coleções. Pode- se dizer que até o presente, malgrado a importância e o valor dos objetos da Biblioteca, a frequentação do público é limitada e só um pequeno número de cidadãos aproveita dele (Biblioteca Nacional, 2010, p.22).

A mudança se deu para o prédio adquirido em 20 de fevereiro de 1855 por 125 apólices de contos de réis, pertencente a João

Pereira da Rocha Viana (Almeida, 2024; Resumo [...], 1897, p. 232). O edifício, de estilo neoclássico, composto por quatro pavimentos (térreo e mais 3 andares), foi construído para ser moradia, exigiu reformas para que pudesse acomodar uma biblioteca nacional, seu precioso acervo e atender ao público (Almeida, 2024; Juvêncio, 2024, p. 29). Passou por obras de adequação durante dois anos e nove meses (Ermakoff, 2015, p. 98). "Frei Camilo consegue a transferência da Biblioteca somente três anos mais tarde (4 de agosto de 1858), instalando-a no Largo da Lapa nº 70 (ou Rua do Passeio nº 48) (Resumo [...], 1897, p. 232), no edifício que pouco a pouco se adaptou e ampliou" (Biblioteca Nacional, 1960, p.12).

Figura 3 - Antiga Biblioteca Nacional, na rua do Passeio [1890]

Fonte: Ferrez (1890)

Na ocasião, a biblioteca permanecia aberta ao público das 9h às 14h. (Resumo [...], 1897, p. 232). A partir de maio de 1872, o horário foi estendido: das 9h às 15h e das 18h às 21h.

Em 22 de dezembro de 1870, tomou posse na BN o historiador, educador e médico Benjamim Franklin Ramiz Galvão, onde permaneceu até 22 de julho de 1882 (Carvalho, 1994, p. 190), fase considerada a mais gloriosa de toda instituição (Fonseca,1979, p. 26) pelas inúmeras reformas administrativas instauradas durante sua gestão.

Uma delas está consubstanciada no Decreto Imperial nº 6.141, de 4 de março de 1876, com ementa "Reforma a Biblioteca Pública do Rio de Janeiro" e cria o Regulamento da BN (Brasil, 1876; Ermakoff, 2015, p. 98). O autor (2015, p.100) chama a atenção para a nomenclatura da biblioteca por ocasião da aprovação do Decreto supracitado em 1876: "Ainda que esse decreto não revogasse explicitamente o nome então usado de Biblioteca Nacional Pública da Corte, a direção da instituição passou a adotar um terceiro nome: Biblioteca Nacional do Rio de Janeiro". O regulamento também foi o primeiro que dividiu a biblioteca em três unidades administrativas: Seção de Impressos e Cartas Geográficas; Seção de Manuscritos e; Seção de Estampas (Brasil, 1876).

Fonseca (1979, p.26) ressalta, ao analisar o documento, que "Ramiz Galvão tudo previu: aquisição, tombamento, classificação, conservação, assistência aos leitores e até o empréstimo domiciliar, embora restrito aos livros de fácil aquisição". Igualmente curioso encontra-se definido no artigo 5: "O bibliothecario residirá no estabelecimento, e delle se não poderá ausentar sem licença do

Governo", algo incomum nos dias atuais, assim como o porteiro (artigo 17).

Além dos feitos já supramencionados, outro destaque da administração de Ramiz Galvão reside no programa de publicações, em que são criados, no mesmo ano, em 1876, os *Annaes da Bibliotheca Nacional do Rio de Janeiro* (Fonseca, 1979, p. 28) publicação periódica, ininterruptamente publicada pela BN, o que revela o interesse e investimento público no compartilhamento do conhecimento científico e na transparência da administração, apontando a cultura de governança pública (*accountability*) desde seu nascedouro.

Igualmente merece destaque a iniciativa do Ramiz Galvão em realizar os primeiros concursos públicos para selecionar bibliotecários (Biblioteca Nacional, 1960, p.12), à época "designados oficiais de biblioteca, sendo a denominação de bibliotecário privativa de diretor" (Fonseca, 1979, p. 29).

Ainda na administração de Ramiz Galvão houve um novo acréscimo de espaço físico à biblioteca: o aluguel de um sobrado, de Antonio Pinto Nunes Valente, com aposentos para os serventes e três salas claras e arejadas para onde foram removidos os livros truncados, duplicados e inutilizados pela Biblioteca (Brasil, 1877, p.14 *apud* Almeida, 2024, p. 79). Almeida (2024) relata que, posteriormente, outros espaços foram alugados nas proximidades da biblioteca, na condição de depósito, a fim de armazenar itens bibliográficos e materiais para permuta.

Na administração seguinte, Dr. João Saldanha da Gama assumiu a direção da casa por sete anos (1882-1889). Nesse período destaca-se a substituição da iluminação a gás por luz elétrica, obtida em motor privativo para a biblioteca (a partir de 1 de julho de 1885), uma grande realização logística à época (Biblioteca Nacional, 1960, p.13; Resumo [...], 1897, p. 234).

Sobre a expansão do acervo, nota-se que "rapidamente cresciam as coleções da Biblioteca". Um inventário realizado de março a julho de 1888 contabilizou 170.671 volumes (Resumo [...], 1897, p. 234) à época, às vésperas da República". (Biblioteca Nacional, 1960, p.13). Ainda na gestão de Saldanha da Gama foram publicados os primeiros números do *Boletim de Aquisições*, referentes aos anos de 1886, 1887 e 1888 (Ermakoff, 2015, p. 100; Biblioteca Nacional, 1960, p.13).

A partir de 1889, a República nomeia para o cargo o Dr. Francisco Leite Bittencourt Sampaio, sob a nova designação oficial de Diretor da Biblioteca Nacional. "O Ministro da Instrução, Benjamin Constant, foi quem assinou a reforma "republicanizando" a Biblioteca, em 1890" (Biblioteca Nacional, 1960, p.13).

Durante sua gestão, um novo regulamento foi aprovado. Trata-se do Decreto nº 856, de 13 de outubro de 1890 (Brasil, 1890), com 56 artigos, em que a biblioteca passou a ter quatro seções: a 1ª de Administração e Permutas Nacionais e Internacionais (Secretaria); a 2ª de Impressos e Cartas Geográficas; a 3ª de Manuscritos; a 4ª de Estampas e Numismática. (Almeida, 2024).

A partir de 11 de fevereiro de 1890, a biblioteca passou a funcionar ininterruptamente, das 10h às 21h (Resumo [...] 1897, p. 232).

Quatro anos após, um novo regulamento foi aprovado pelo Decreto nº 1766, de 08 de agosto de 1894 (Brasil, 1894), com 60 artigos, em que estabelece outra estruturação à Biblioteca, reduzindo-a três seções: a 1ª de Impressos e Cartas Geográficas; a 2ª de Manuscritos; a 3ª de Estampas e Numismática e a consequente extinção da seção de Administração e Permutas Nacionais e Internacionais (Secretaria) (Almeida, 2024).

No que se refere às expansões físicas de infraestrutura da BN relacionadas com as ações de seus diretores, cabe evidenciar que na direção do escritor Raul Pompeia (1894), conquista-se "um Anexo, à rua Maranguape para servir de depósito de impressos, aliviando, a casa adaptada à Rua do Passeio" (Biblioteca Nacional, 1960, p.14).

O subsequente diretor, José Alexandre Teixeira de Melo (1895), também "realiza acréscimos no edifício, insiste na aquisição de novo local, sem muita esperança de obter verbas para construir prédio novo apropriado à Biblioteca" (Biblioteca Nacional, 1960, p.14). Tais acréscimos referem-se à conversão de dois terraços ao lado da construção central primitiva do segundo pavimento: um passa a ser ocupado pela seção de manuscritos e outra para abrigar parte da coleção (Resumo [...], 1987, p.234).

Um segundo inventário realizado em 1894 contabilizava 228.000 livros, e novamente em 1895, 231.132 livros (Resumo [...], 1987, p. 234), o que evidencia um crescimento constante do acervo da instituição.

É possível acompanhar o crescimento do acervo durante o período por meio das fontes de informação localizadas, conforme quadro a seguir.

Quadro 2 - Crescimento do acervo

Ano	Quantidade (aproximadamente)
1810	60.000 livros (Resumo [...], 1987).
1885	171.000 livros (Resumo [...], 1987).
1894	228.000 livros (Resumo [...], 1987).
1895	231.132 livros impressos, 23.516 manuscritos biográficos, 23.519 manuscritos históricos, 115.513 códices encadernados, 22.863 moedas e medalhas, totalizando 416.543 peças.
1900	292.541 livros impressos, calcula-se um total de 705.332 peças

Fonte: Biblioteca Nacional ([2018])

Foi, portanto, na administração Teixeira de Melo (1895-1900) que se consolidou a ideia de construção de um prédio novo, diante da crise de espaço já acentuada na administração anterior de Raul Pompeia (1894-95), com o aluguel do depósito vizinho (Biblioteca Nacional, 1960, p.14).

Ainda sobre mudanças de sede, cumpre destacar outro fato relacionado que poderia ter mudado o rumo dessa história, porém sem sucesso:

> nessa fase se realiza a aquisição do Palácio do Catete, para onde se vai transferir o Govêrno da República, antes instalado à Rua Larga, no Itamarati.

> Os próprios jornais da capital (Jornal do Comércio, O País) fazem a campanha a favor da mudança da Biblioteca para o Palácio então desocupado do Itamarati. Nem Teixeira de Melo nem a Imprensa conseguem aquela vitória, que parecia certa. E iniciamos o século novo em casa velha e apertada (Biblioteca Nacional, 1960, p.14).

O Quadro 3 apresenta a relação de diretores da Biblioteca Nacional, durante o período abordado.

Quadro 3 - Diretores da BN: 1870-1924

Intervalo de atuação na BN	**Diretores**
1870 - 1882	Benjamim Franklin Ramiz Galvão (1846-1938)
1882- 1899	Dr. João Saldanha da Gama (1835-1899)
1889 – 1892	Francisco Leite de Bittencourt Sampaio (1836-1895)
1892 - 1894	Francisco Mendes da Rocha
1894 - 1895	Dr. Raul D'Avila Pompeia (1863-1895)
1895 -1900	Dr. José Alexandre Teixeira de Mello (1833-1907)
1900- 1924	Manuel Cícero Peregrino da Silva

Fonte: Sistematizado a partir de Ermakoff (2015) e Biblioteca Nacional (1960).

Aquele endereço, onde a biblioteca permaneceu por 52 anos (1858 a 1910), passou a abrigar o Instituto Nacional de Música, a atual da Escola Nacional de Música, da Universidade Federal do Rio de Janeiro (UFRJ).

A mudança para a sede definitiva, um prédio construído na recém inaugurada Av. Central, no seio da cidade capital, é descrita na próxima subseção.

4.3 - 3ª SEDE – 29 DE OUTUBRO DE 1910 - V. RIO BRANCO 219-239

Em 13 de julho de 1900, assume Manuel Cícero Peregrino da Silva, trazido de Pernambuco por Epitácio Pessoa, Ministro da Justiça do presidente Campos Sales, que lhe entrega a direção da Biblioteca Nacional. "Era um homem culto, organizador, trabalhador e com grande visão como administrador de bibliotecas", que havia reformado a Biblioteca da Faculdade de Direito do Recife, à frente da qual estivera por 10 anos (Carvalho, 1994, p. 83), em dois períodos: 1889-1890 e 1892-1900 (Biblioteca Nacional, 1960, p.14).

O caráter dinâmico de sua administração é reconhecido na literatura:

> seu primeiro Relatório (1901) começa exigindo o prédio novo; em 1902 introduz o uso pioneiro da máquina de escrever na Biblioteca, inaugura (2-6-1902) a primeira Oficina de Encadernação da Biblioteca Nacional, no edifício da Rua do Passeio; no mesmo local a 3-8-1902 instala a Oficina Tipográfica da Biblioteca Nacional (ambas Oficinas foram extintas pelo Decreto n. 20.629, de 9-11-1931). Estava perfilado, desde logo, o administrador avançado e persistente que seria e

> realmente o foi. Em 1903 obtém a consignação de verba para a construção e se empenha na pronta execução da obra (Biblioteca Nacional 1960, p.14)

Carvalho (1994, p.85) evidencia que além de longa, haja visto que permaneceu no cargo por 24 anos (até 9 fev. 1924), a administração de Manuel Cícero foi uma das mais fecundas. Ressalta que a obra mais monumental de sua administração foi a construção do atual prédio (Carvalho, 1994, p.90). Em 1902, Manuel Cícero envidou esforços por meio de relatório ao Ministro da Justiça tendo em vista a construção do "grandioso edifício que há de abrigar o maior tesouro bibliográfico da América Latina" (Carvalho, 1994, p.93). No ano seguinte, o Ministro convidou e acompanhou pessoalmente os membros da Comissão de Orçamento da Câmara dos Deputados em visita à Biblioteca, e mostrou o estado precário em que se encontrava o edifício da Rua do Passeio (Carvalho, 1994, p.93).

As novas instalações para uma Biblioteca Nacional, em uma edificação planejada e construída com a finalidade de acolher as demandas de uma sociedade brasileira em transição, ganham espaço em um contexto político repleto de novidades a gerenciar. Na virada para o século XX, na conjuntura da reurbanização que a capital brasileira há tempos necessitava, uma nova avenida foi criada, a Av. Central (atual Rio Branco), marco principal da reforma, cortando o centro da cidade, do cais do porto à recém-criada Avenida Beira Mar. Nela foram projetadas o reposicionamento de algumas instituições culturais, como o Teatro Municipal, o Museu de Belas Artes e a Biblioteca Nacional.

Conforme citado a seguir por Grings e Dodebei (2014, n.p.):

> Era uma época de efervescência cultural e o prédio foi construído ali não por acaso: enquanto Sevcenko (1983) narra a tentativa do governo republicano de aproximar a atmosfera da parte central da cidade do modelo francês, urbano e cosmopolita, de circulação de intelectuais e literatos e discussões políticas em profusão, debatendo a Nova República e seu projeto de governo, Moraes (1987) comenta que o prefeito Pereira Passos achava que se tinha Cinelândia (Grings; Dodebei, 2014, n.p.).

A mudança para a Av. Central "reitera não apenas o estado itinerante da Casa, mas a primeira construção pensada a partir do seu acervo" (Lucchesi, 2010 *apud* Biblioteca Nacional, 2010, p.11). Lucchesi destaca que, para o então diretor da BN, Manuel Cícero Peregrino da Silva, tal desafio significava o 'prólogo de uma obra colossal, uma fulgurante realidade, a instalação de um edifício vasto, incombustível, apropriado'(Lucchesi, 2010 *apud* Biblioteca Nacional, 2010, p.11).

Em 15 de agosto de 1905 foi lançada a pedra fundamental do atual prédio sede da Biblioteca Nacional (figura 4), cujo projeto foi concebido por Francisco Marcelino de Sousa Aguiar, engenheiro militar e prefeito do Distrito Federal[7], entre 1906 e 1909 e construído sob a coordenação dos engenheiros Alberto de Faria e Napoleão Moniz Freire (O Rio. [2001?]).

---

7 O Rio de Janeiro foi Distrito Federal até a construção de Brasília, em 1960.

Figura 4 - Lançamento da pedra fundamental do novo edifício da Bibliotheca Nacional na Avenida Central

Fonte: Biblioteca Nacional digital (Ferreira, 1905).

Cabe evidenciar que em 1904, Sousa Aguiar foi presidente da Comissão de Representação do Brasil na Exposição Universal de Saint Louis, Estados Unidos da América, na qual conquistou o Grande Prêmio de Arquitetura com o projeto do Pavilhão do Brasil, inspirada na arquitetura francesa, em que empregou elementos neoclássicos e *art nouveau*, construído a partir de uma estrutura totalmente metálica, considerado uma inovação na época (Varella, 2001).

Enquanto se encontrava no exterior, o engenheiro foi incumbido pelo Ministro do Interior a projetar o edifício da BN e, posteriormente, designado a construí-lo no retorno ao país, assim como de remontar o Pavilhão do Brasil, instalado no final da Avenida Central, e inaugurado em 23 de julho de 1906, com o nome de Palácio Monroe (Mesquitta,[202–?]).

Manuel Cícero acompanhou a construção do atual prédio (figura 5) e foi o responsável por sua transferência, além de presidir todo o seu planejamento estrutural. Programou sua ocupação, sua divisão e seus móveis, de acordo com as mais recentes técnicas utilizadas nas bibliotecas mais modernas à época. Para tanto, visitou grandes bibliotecas públicas dos Estados Unidos e da Europa ausentando-se do país por oito meses (20 março a 3 de novembro de 1907) a fim de equipar a biblioteca (Carvalho, 1994, p. 94), prática hoje conhecida como *benchmarking*.

Figura 5 - Construção da Biblioteca Nacional - 1909

Fonte: Álbum da construção da Biblioteca Nacional na Avenida Rio Branco (Biblioteca Nacional,1909, p. 47).

Sobre a transferência do acervo para a nova sede, Carvalho (1994) anuncia seu início em 1º de setembro de 1909 até 21 de fevereiro do ano seguinte (1910), "trabalho minuciosamente relatado no Relatório da Diretoria de 1910" (Carvalho, 1994, p.94). O motor de um automóvel, transformado em caminhão, fez 1132 viagens para transportar em 140 dias, 7270 caixões, além de gavetas, máquinas, material das oficinas e móveis. Foi adquirido um aparelho condutor de livros conhecido como ***book carrier***, semelhante ao existente na Biblioteca do Congresso americano. Para a comunicação foi instalada uma rede telefônica com 18 aparelhos e uma central de 30 linhas para rede interna (Carvalho, 1994, p.94). Um verdadeiro esforço logístico, levando em consideração a época em que foi realizado.

Vale salientar que a mudança significou o transporte de 400 mil livros, fora o material supramencionado, sem que houvesse interrupção na rotina dos leitores e pesquisadores, usuários da biblioteca. Carvalho (1994) chama atenção que o processo de mudança foi tão bem planejado e executado que cada caixote de peças era colocado imediatamente no local definitivo do novo prédio, sem que houvesse solução de continuidade, sublinhando a "capacidade de trabalho, a criatividade e o esforço" do gestor e de sua equipe, "aparentemente impossível de ser imitados" Carvalho (1994, p. 96).

Por fim, a inauguração da Biblioteca ocorreu em 29 de outubro de 1910, às 3 horas da tarde, 100 anos após a fundação da Real Biblioteca, "no Velho prédio do Beco do Carmo" (Carvalho, 1994, p. 95).

Segundo informações retiradas do portal da Biblioteca (O Rio. [2001?], p. 10), "a arquitetura do edifício, de estilo eclético, combina elementos neoclássicos e art-nouveau, contém ornamentos de artistas como Visconti, Henrique e Rodolfo Bernardelli, Modesto Brocos, e Rodolfo Amoedo". Destaca-se ainda que o "prédio atendia às exigências técnicas da época: pisos de vidro nos armazéns, estantes e armações de aço, com capacidade para quatrocentos mil volumes, amplos salões e tubos pneumáticos para o transporte de livros dos armazéns para o salão de leitura", entre outros (O Rio, [2001?], p. 10).

Os feitos de Manuel Cícero não cessam com a inauguração do edifício: um novo regulamento foi aprovado pelo Decreto nº 8.835, em 11 de julho de 1911, no qual são dispostos processos para o bom funcionamento da Biblioteca ao longo de 146 artigos (Anais [...], 1911, p.338-356).

O Quadro 4 a seguir relaciona os regulamentos aprovados às sedes da Biblioteca (1ª, 2ª e 3ª), suas respectivas datas e documentos de aprovação (quando houver), bem como a nomenclatura da biblioteca à época, registrando mudanças efetuadas.

Chama atenção os processos de gestão dispostos em cada um dos regulamentos, como a formação e a capacitação contínua dos funcionários, o estabelecimento do horário de funcionamento da biblioteca, parâmetros para o empréstimo domiciliar, adoção de códigos internacionais vigentes para catalogação, entre outros.

Chama atenção os processos de gestão dispostos em cada um dos regulamentos, como a formação e a capacitação contínua dos funcionários, o estabelecimento do horário de funcionamento da biblioteca, parâmetros para o empréstimo domiciliar, adoção de códigos internacionais vigentes para catalogação, entre outros.

Quadro 4 - Sedes, regulamentos e nomenclaturas da Biblioteca

Sede	Regulamento	Nomenclatura da Biblioteca	Aprovação
1ª	Estatutos da Real Biblioteca, mandados ordenar por sua Majestade	Real Biblioteca	1821
1ª	Decisão n. 191, de 13 de setembro de 1824.	Biblioteca Imperial e Pública	1824
2ª	Decreto 6.141, de 4 de março de 1876 (citado na ementa do regulamento)	Bibliotheca Pública do Rio de Janeiro	1876
2ª	Decreto nº 856, de 13 de outubro de 1890	Bibliotheca Nacional	1890
2ª	Decreto nº 1.766, de 8 de agosto de 1894.	Bibliotheca Nacional	1894
2ª	Informação não encontrada	Biblioteca Nacional e Pública do Rio de Janeiro (Resumo [...], 1897).	1897
3ª	Decreto n. 8.835, de 11 de julho de 1911	Bibliotheca Nacional	1911

Fonte: Sistematizado pela autora (2025)

O mais completo e detalhado dos regulamentos foi aquele aprovado em 1911, composto por 146 artigos em que foram incorporadas "grandes inovações administrativas e culturais" (Carvalho, 1994, p. 85). Entre elas o autor destaca que pela primeira vez criou-se um Conselho Consultivo, em que se discutiam problemas da biblioteca, apresentava-se sugestões no tocante à promoção de funcionários, às reformas e ao planejamento de eventos culturais.

No artigo 1º é definida a nova estruturação da biblioteca, a qual passa a ter quatro seções, além de uma secretaria: seção 1 – Impressos; seção 2 - Manuscritos; seção 3 – Estampas e Cartas Geográficas e seção 4 – Moedas e Medalhas (Anais [...], 1911, p.338-356).

Uma das decisões relacionadas às pessoas, foi a criação do Curso de Biblioteconomia naquele mesmo ano (1911), dentro da própria Biblioteca, com o objetivo de especializar seus funcionários, formando seus próprios bibliotecários. Ademais, a direção patrocinava uma série de conferências, a fim de que os profissionais tivessem um contato maior com a cultura e, que ao mesmo tempo, promovesse a Biblioteca tornando-a mais conhecida e útil ao público externo. Outra iniciativa foi o envio de funcionários à Europa para se atualizarem sobre novos métodos de catalogação e classificação.

Sobre o funcionamento da biblioteca, com o regulamento de 1911 ela passou a atender o público leitor das 8h às 22h sem interrupção, "mas de tal modo organizado que nenhum funcionário trabalhasse mais de 8 horas por dia" (Carvalho, 1994, p. 86). Vale lembrar que as leis trabalhistas[8] foram aprovadas em 1943, no Governo Vargas, porém o bom senso e o cuidado com as pessoas nortearam aquela administração décadas antes.

Por fim, igualmente importante é comentar a percepção de Carvalho (1994, p. 155) ao salientar que o período entre 1910 e 1947 pode ser considerado uma segunda fase da biblioteca, em que por muito tempo cessa a preocupação maior em relação ao espaço físico. "A Biblioteca já tem uma personalidade, já conseguiu um equilíbrio

---

8 A Consolidação das Leis do Trabalho (CLT) foi aprovada pelo Decreto-Lei nº 5.452, de 1º de maio de 1943, durante o governo de Getúlio Vargas. O decreto entrou em vigor em 10 de novembro de 1943.

suficientemente estável, e o seu novo prédio não é uma adaptação, mas, pelo contrário, foi projetado e construído de acordo com as mais modernas técnicas da época" (Carvalho, 1994, p.155).

5 CONSIDERAÇÕES FINAIS

Apesar de todos os esforços em relação ao levantamento bibliográfico e documental, há lacunas sobre fatos e dados para a que evidenciem a colaboração de cada um dos dirigentes citados no quadro cronológico. Em alguns casos sinalizados houve incerteza ou imprecisão, em razão de fontes diferentes consultadas ao longo da pesquisa, necessitando de maior aprofundamento.

Para o alcance dos objetivos geral e específicos da pesquisa cumpre destacar a existência dos documentos cuidadosamente elaborados, salvaguardados e identificados no acervo da BN sem os quais não se poderia alcançar resultados. A partir deles pode-se observar esforços para institucionalizar práticas e processos de trabalhos por meio dos regulamentos aprovados no período da pesquisa; a busca pela nomenclatura perfeita da biblioteca, reflexo do momento histórico vivido, além de revelar cuidados com a manutenção predial e conservação de acervos e edifícios, como ações de contra-incêndio.

O principal canal de difusão da Fundação Biblioteca Nacional, o periódico *Os Anais da Biblioteca Nacional,* além de descortinar ações estratégicas e práticas de gestão que levaram ao planejamento, à construção, à instalação e à posterior manutenção do edifício da instituição inaugurado em 1910, registra parte significativa da história das bibliotecas brasileiras e suas relações institucionais.

Outros documentos originados e localizados na própria biblioteca foram igualmente essenciais, como o *Guia da Biblioteca Nacional*, publicado em 1960 pela ocasião do evento alusivo à efeméride do seu Sesquicentenário. Juntam-se a esses o Relatório dos Diretores da Biblioteca Nacional iniciado em 1896 e consultado até a data final do recorte da pesquisa (1912). É a história e a memória da Biblioteca contada por ela mesma.

Cumpre ressaltar a riqueza de detalhes com que os relatórios, resumo e documentos foram escritos com a inclusão de nomes, dados quantitativos, datas, comentários, assim como o zelo com as palavras, ora relatando fatos, ora solicitando providências, ressaltando o caráter profissional e comprometido na condução da organização.

Estudos continuados sobre os processos de gestão são bem-vindos, a partir de pesquisas que possam complementar resultados para revelar novos achados, como identificar laços de sociabilidade entre políticos e técnicos, que culminaram na indicação de cargos de gestão. Os relatórios anuais da diretoria, incorporados aos *Anais*, são fontes documentais potenciais para pesquisas, que sugerem estudos longitudinais com fartura de elementos. Revelam o interesse e investimento público no compartilhamento da informação pública e na transparência da administração, apontando a cultura de governança desde seu nascedouro, assim como para a publicidade dos fatos, um dos princípios constitucionais da democracia brasileira.

Uma biblioteca nacional já nasce grande, e seus problemas e mazelas, de todas as ordens, são diretamente proporcionais. Todavia evidencia-se esforços contínuos dos primeiros bibliotecários e diretores na busca da manutenção e construção da estruturação de uma biblioteca nacional forte e potente em uma sociedade brasileira que passou por momentos históricos marcantes, do Brasil Colônia à República, que desse conta de cumprir sua missão institucional, apesar de toda as vicissitudes impostas pelo encargo público de gerir uma equipamento social de tamanha magnitude. A eles todo respeito, reconhecimento e agradecimento.

REFERÊNCIAS

ALMEIDA, Thais Helena de. As primeiras ações de preservação da Biblioteca Imperial e Pública da Corte. **Revista Eletrônica da ABDF**, Brasília (DF), v. 4, n. Especial, p. 23-45, 26 nov. 2020. Disponível em: https://revista.abdf.org.br/abdf/article/view/121. Acesso em: 22 jun. 2022.

ALMEIDA, Thais Helena de. **A organização espacial da Biblioteca Nacional**: da rua do Carmo ao Largo da Lapa. *In*: A Biblioteca Nacional: instituição, coleção e imaginário social. Organizado por Carlos Henrique Juvêncio e Ana Paula Sampaio Caldeira. Belo Horizonte: Fino Traço, 2024. 360p.

ANAIS DA BIBLIOTECA NACIONAL. Rio de Janeiro: Biblioteca Nacional, 1911. Anual.

ARQUIVO DA ORDEM TERCEIRA DO CARMO (2004). Plantas baixas levantadas pela arquiteta Mariana Vaz de Souza, da empresa Arquitetando Ltda. *In*: ALMEIDA, Thais Helena de. As primeiras ações de preservação da Biblioteca Imperial e Pública da Corte. **Revista Eletrônica da ABDF**, Brasília (DF), v. 4, n. Especial, p. 23-45, 26 nov. 2020. Disponível em: https://revista.abdf.org.br/abdf/article/view/121. Acesso em: 22 jun. 2022.

BIBLIOTECA Nacional 200 anos: uma defesa do infinito. Rio de Janeiro, 2010. 176 p. Il.

BIBLIOTECA NACIONAL (Brasil). Álbum da construção da Biblioteca Nacional na Avenida Rio Branco [1909]. 1 fotografia, p&b. Disponível em: https://objdigital.bn.br/objdigital2/acervo_digital/div_iconografia/icon326081/icon326081.pdf Acesso em: 05 out. 2022.

BIBLIOTECA NACIONAL (Brasil). **Guia da Biblioteca Nacional:** sesquicentenário 1810-1960. 1960. 70 p. Il. Disponível em: https://objdigital.bn.br › drg621953. Acesso em: 13 fev. 2023.

BIBLIOTECA NACIONAL (Brasil). Histórico. **Portal**, [2018]. Disponível em: https://antigo.bn.gov.br/sobre-bn/historico. Acesso em: 28 maio 2024.

BRASIL. Decisão n. 191, de 13 de setembro de 1824. Aprova o Regimento Interno para a Biblioteca Imperial e Pública desta Corte. **Coleção das decisões do Governo do Império do Brasil, Rio de Janeiro,** 1886, p. 135-138. Disponível em: https://www2.camara.leg.br/atividade-legislativa/legislacao/colecao-anual-de-leis/copy_of_colecao2.html. Acesso em: 24 mar. 2025.

BRASIL. Decreto de 29 de outubro de 1810. Manda accomodar a Bibliotheca Real no logar onde estavam as catacumbas dos religiosos do Carmo junto á Real Capella. Disponivel em: https://www2.camara.leg.br/legin/fed/decret_sn/anterioresa1824/decreto-39997-29-outubro-1810-571396-publicacaooriginal-94523-pe.html. Acesso em: 05 fev. 2025.

BRASIL. Decreto nº 856, de 13 de outubro de 1890. Approva o regulamento para a Bibliotheca Nacional. Disponivel em: https://www2.camara.leg.br/legin/fed/decret/1824-1899/decreto-856-13-outubro-1890-517351-publicacaooriginal-1-pe.html. Acesso em: 10 ab. 2025.

BRASIL.Decreto nº 1.766, de 8 de agosto de 1894. Approva o regulamento da Bibliotheca Nacional. Disponível em: https://www2.camara.leg.br/legin/fed/

decret/1824-1899/decreto-1766-8-agosto-1894-517465-publicacaooriginal-1-pe.html Acesso em: 10 ab. 2025.

BRASIL. Decreto nº 6.141, de 4 de março de 1876. Reforma a Bibliotheca Publica do Rio de Janeiro. Disponível em: https://www2.camara.leg.br/legin/fed/decret/1824-1899/decreto-6141-4-marco-1876-549105-publicacaooriginal-64453-pe.html#:~:text=Reforma%20a%20Bibliotheca%20Publica%20do,este%20baixa%2C%20assignado%20pelo%20Dr. Acesso em: 24 mar. 2025.

BRASIL. Ministério da Cultura. Marco Lucchesi é empossado presidente da Fundação Biblioteca Nacional. 2023. Disponível em: https://www.gov.br/cultura/pt-br/assuntos/noticias/marco-lucchesi-e-empossado-presidente-da-fundacao-biblioteca-nacional. Acesso em: 21 mar. 2025

CAMARGO, Angélica Ricci. Biblioteca Real [Verbete]. ***In:*** Dicionário da Administração Pública Brasileira do Período Colonial. nov. 2011. Disponível em: https://mapa.arquivonacional.gov.br/index.php/assuntos/15-dicionario/57-dicionario-da-administracao-publica-brasileira-do-periodo-colonial/139-biblioteca-real. Acesso em: 05 fev. 2025.

CARVALHO, Gilberto Vilar de. **Biografia da Biblioteca Nacional (1807-1990).** Rio de Janeiro: Irradiação Cultural, 1994. 222p.

CUNHA, Murilo Bastos da; CAVALCANTI, Cordélia Robalinho de Oliveira. **Dicionário de Biblioteconomia e Arquivologia.** Brasília: Briquet de Lemos, 2008. xvi, 451 p.

ERMAKOFF, George**. Bibliotecas brasileiras**. Rio de Janeiro, G. Ermakoff Casa Editorial, 2015. 304 p. il.

FERREIRA, Antonio Luiz. [**Lançamento da pedra fundamental do novo edifício da Bibliotheca Nacional na Avenida Central em 15 de agosto de 1905, sendo Presidente da República o Dr. Rodrigues Alves, Ministro do Interior Dr. J. J. Seabra e Diretor da Bibliotheca o Dr. Manuel C. Peregrino da Silva.**]. Rio de Janeiro,

RJ: *[s.n.]*, 1905. 1 foto, gelatina, pb, 16,5 x 22,3 cm. Disponível em: http://objdigital.bn.br/objdigital2/acervo_digital/div_iconografia/icon1285453/icon1285453.jpg Acesso em: 8 Apr. 2025.

FERREZ, Marc. **Antiga Biblioteca Nacional, na rua do Passeio; atual Escola de Música da Universidade Federal do Rio de Janeiro**. 1890. 1 fotografia, p&b. Disponível em: https://brasilianafotografica.bn.gov.br/brasiliana/handle/20.500.12156.1/12170. Acesso em: 29 maio 2024.

FONSECA, Edson Nery da. **A Biblioteconomia brasileira no contexto mundial**. Rio de Janeiro: Tempo Brasileiro, 1979.

FUNDAÇÃO BIBLIOTECA NACIONAL (Brasil). **Planejamento estratégico** 2019 – 2022. 2018. n.p. 20 p. Disponível em: https://antigo.bn.gov.br/sobre-bn/documentos-institucionais. Acesso em: 28 maio 2024.

GRINGS, Lucia; DODEBEI, Vera Lucia. "Os labirintos da biblioteca nacional": trajetória política do lugar de memória brasileiro. **Anais....** Encontro Nacional de Pesquisa e Pós-graduação em Ciência da Informação, Belo Horizonte, v. 15., 2014. Comunicação Oral GT-10 Informação e Memória.

JUVÊNCIO, Carlos Henrique. **A Biblioteca e a Nação:** entre catálogos, exposição, documentos e memória. Curitiba: Appris, 2024. 188p.

LEUZINGER, Georges. **Paço Imperial, ao fundo, o Convento do Carmo.** 1866. 1 fotografia, monocromática. Disponível em: https://brasilianafotografica.bn.gov.br/brasiliana/handle/20.500.12156.1/8534. Acesso em: 29 maio 2024.

MESQUITTA, Claudia. Aguiar, Sousa [verbete]. ***In:*** CENTRO DE PESQUISA E DOCUMENTAÇÃO DE HISTÓRIA CONTEMPORÂNEA DO BRASIL. [20--?]. Disponível em: https://cpdoc.fgv.br/sites/default/files/verbetes/primeira-republica/AGUIAR,%20Sousa.pdf. Acesso em: 21 mar. 2025.

MORAES, Rubens Borba de. A Biblioteca Real no Rio de Janeiro. *In:* ____. **Livros e bibliotecas no Brasil colonial**. 2. ed. Brasília, DF: Briquet de Lemos, 2006. cap. 11. p. 90-99.

RESUMO histórico. *In*: **Annaes da Bibliotheca Nacional do Rio de Janeiro.** 1897. v. XIX, p.221-242.

O RIO e a Biblioteca Nacional: um caso de amor [Catálogo da exposição]. Coordenação de Graça Coutinho de Góes e Suely Dias. [Rio de Janeiro: Imago, [2002?], 24 p.

SCHWARCZ, Lilia Moritz. **A longa viagem da biblioteca dos reis**: do terremoto de Lisboa à independência do Brasil. São Paulo: Companhia das Letras, 2002.

VARELLA, Eny. Palácio Monroe. *In:* **EBACERVO**. Rio de Janeiro: Diretoria do Patrimônio Histórico e Cultural do Exército, 2001. Disponível em: http://ebacervo.eb.mil.br/items/show/288. Acesso em: 21 mar. 2025.

Agradecimentos

À memória dos homens e mulheres que edificaram a Biblioteca Nacional brasileira.

À FAPERJ, pelo fomento endereçado ao projeto em tela.

Da Biblioteca Real à Biblioteca Imperial Pública: tesouros e dívidas

Simone da Rocha Weitzel[1]

Resumo

A proposta deste texto é contextualizar o período de transição marcado pelas tratativas para a aquisição da Biblioteca Real pelo Império Brasileiro e seu funcionamento no período entre setembro de 1822 a agosto de 1825. O estudo, de caráter qualitativo, teve a pesquisa bibliográfica e documental como principais métodos de coleta de dados juntamente com a análise textual discursiva (ATD) para descrever e interpretar os dados, nos termos de Moraes e Galiazzi (2020). A partir do *corpus*, trechos pertinentes daqueles documentos foram unitarizados e organizados em planilhas eletrônicas por categorias que emergiram dos próprios trechos. As categorias convergiram em três grandes temas que estruturam a narrativa a seguir, denominado de metatexto pelo método ATD. Os três temas são: a) A aquisição da Biblioteca Real no contexto das tratativas para o reconhecimento da Independência do Brasil; b) Frei Arrábida: o bibliotecário da Independência; c) O novo regulamento da Biblioteca Imperial e Pública. Um dos aspectos mais evidentes do presente estudo é realmente a escassez de documentos que elucidem e comprovem detalhadamente esse episódio histórico que envolve a Independência do país e a biblioteca que originou a formação da Biblioteca Nacional (Brasil). Dentre esses documentos, destaca-se "Conta dos objetos que Portugal teria deixado de reclamar ao Brasil" datado de abril de 1825 que traz o valor da compra da Biblioteca Real pelo Império brasiliero.

1 Professora Titular e Docente do Programa de Pós-Graduação em Biblioteconomia da UNIRIO (PROPAP) ID Lattes: http://lattes.cnpq.br/9686940788640111. ORCID: https://orcid.org/0000-0002-6498-9861.

Palavras-chave: 1. Biblioteca Real (Portugal); 2. Biblioteca Imperial e Pública (Brasil); 3. Independência do Brasil; 4. Antônio de Arrábida, Frei.

Abstract

The purpose of this text is to contextualize the transition period marked by the negotiations for the acquisition of the Royal Library by the Brazilian Empire and its operation between September 1822 and August 1825. The study, which is qualitative in nature, used bibliographical and documentary research as the main data collection methods, along with discursive textual analysis (DTA) to describe and interpret the data, in accordance with Moraes and Galiazzi (2020). From the corpus, relevant excerpts from those documents were unitized and organized in spreadsheets by categories that emerged from the excerpts themselves. The categories converged into three major themes that structure the following narrative, called a meta-text by the ATD method. The three themes are: a) The acquisition of the Royal Library in the context of the negotiations for the recognition of Brazil's Independence; b) Frei Arrábida: the librarian of Independence; c) The new regulations for the Imperial anda Public Library. One of the most obvious aspects of this study is the scarcity of documents that elucidate and prove in detail this historical episode involving the Country's Independence and the library that gave rise to the formation of the National Library (Brazil). Among these documents is "Conta dos objetos que Portugal teria deixado de reclamar ao Brasil", dated April 1825, which shows the value of the purchase of the Royal Library by the Brazilian Empire.

Keywords: Royal Library (Portugal); 2. Imperial and Public Library (Brazil); 3. independence of Brazil; 4. Antônio de Arrábida.

1 INTRODUÇÃO

A proposta deste texto é contextualizar o período de transição marcado pelas tratativas para a aquisição da Biblioteca Real pelo Império Brasileiro e seu funcionamento no período entre setembro de 1822 a agosto de 1825.

O estudo, de caráter qualitativo, teve a pesquisa bibliográfica e documental como principais métodos de coleta de dados juntamente com a análise textual discursiva (ATD) para descrever e interpretar os dados, nos termos de Moraes e Galiazzi (2020).

O levantamento bibliográfico foi realizado principalmente nos catálogos da Biblioteca Nacional e também em outras fontes externas como Arquivo Nacional e Torre do Tombo (Portugal) via *web*, e também em plataformas da legislação brasileira, entre outras fontes. Os documentos levantados e selecionados para o estudo formaram um *corpus* e estão referenciados ao final do capítulo.

A partir do *corpus*, trechos pertinentes daqueles documentos foram unitarizados e organizados em planilhas eletrônicas por categorias que emergiram dos próprios trechos. As categorias convergiram em três grandes temas que estruturam a narrativa a seguir, denominado de metatexto pelo método ATD. Os três temas são: a) A aquisição da Biblioteca Real no contexto das tratativas para o reconhecimento da Independência do Brasil; b) Frei Arrábida: o bibliotecário da Independência; c) O novo regulamento da Biblioteca Pública do Império.

2 AS CATEGORIAS TEMÁTICAS IDENTIFICADAS NO ESTUDO

A partir dos textos que formaram o corpus, listado nas referências ao final do capítulo, foram identificados os três temas já destacados acima que envolvem a aquisição da Biblioteca Real, o papel de Frei Arrábida na Biblioteca Imperial e Pública e o novo regulamento da biblioteca redigido por Frei Arrábida, que é importante fonte de estudo para conhecer as práticas biblioteconômicas da época.

2.1 A aquisição da Biblioteca Real no contexto das tratativas para o reconhecimento da Independência do Brasil

O conjunto de documentos que reconhece o Império do Brasil pela Coroa Portuguesa é formado tanto pelo Tratado de Paz e Amizade quanto pela convenção adicional, assim como ratificações, protocolos de reuniões entre outros documentos disponíveis em português, francês e latim, tanto na Biblioteca Nacional (Brasil) quanto na Torre do Tombo (Portugal).

As condições para o reconhecimento da Independência do Império do Brasil pelos Reinos de Portugal e Algarves estabelecidos pelo Tratado de Paz e Amizade, de 29 de agosto de 1825, envolveram os termos da aliança perpétua entre ambos, e, especialmente, o ressarcimento das propriedades e de objetos que a Coroa Portuguesa alegava ser de sua posse os quais foram deixadas no Brasil.

A Convenção Adicional do Tratado de Paz e Amizade, é uma emenda do referido tratado, onde se estabeleceu o valor de 2 milhões de libras esterlinas como indenização a ser paga pelo Império do Brasil à Portugal pelas suas propriedades e objetos.

> ART. I - Sua Majestade Imperial convém, à vista das reclamações apresentadas de Governo a Governo, em dar ao de Portugal a soma de dois milhões de libras esterlinas; ficando com esta soma extintas de ambas as partes todas e quaisquer outras reclamações assim como todo o direito a indenizações desta natureza (Convenção ..., 1825).

Carvalho (1994, p. 50-51) considerou as exigências de indemnizações a Portugal, "totalmente descabidas", que foram aceitas por D. Pedro I provavelmente em função de sua intenção de ser Rei de Portugal. Para cumprir seu compromisso, o Império brasileiro contraiu empréstimo a juros de 5% ao ano junto à Coroa Britânica. Dentre as propriedades e objetos reclamadas ao jovem Império estava a Biblioteca Real que, segundo Carvalho (1994, p. 50), custou 800 contos de reis:

> Portugal apresentou uma série de exigências, em forma de indenizações, totalmente descabidas, uma vez que eram feitas a um país já independente e soberano, que por mais de três séculos sustentara e pagara quase todas as despesas de uma metrópole então pobre e decadente. Não fosse o imperador do Brasil, filho do rei de Portugal e não sonhasse esse imperador colocar um dia, em sua cabeça, a coroa do reino paterno, na certa tais exigências não teriam sido tomadas em consideração (Carvalho, 1994, p. 50).
>
> [...]

> Enfim, [...] D. Pedro I se submeteu à exigência de seu pai, e pagou, a título de indenização à Família Real Portuguesa, por suas propriedades que ficaram no Brasil, a quantia, naquela época exorbitante, de dois milhões de libras esterlinas, tomadas por empréstimo à Coroa Britânica, com juros de 5% ao ano [...]. Entre essas propriedades encontrava-se justamente a Biblioteca Nacional, que foi definitivamente incorporada ao Império do Brasil (Carvalho, 1994, p. 50-51).
>
> [...]
>
> A Biblioteca Nacional foi comprada ao príncipe, e regiamente paga, tendo sido o seu preço avaliado, em moeda da época, em 800 contos de réis, quantia considerada então, exorbitante (Carvalho, 1994, p. 51).

O documento intitulado "Conta dos objetos que Portugal teria deixado de reclamar ao Brasil" datado de abril de 1825, citado por Lilia Schwarcz (2002), traz a lista dos objetos e os respectivos valores que o Brasil deveria pagar a Portugal confirmando o mesmo valor citado por Carvalho (1994) de 800 contos de réis. No entanto, ainda não foi possível encontrar esse documento para consulta[2]. O inglês a que se refere o trecho abaixo, é Sir Charles Stuart, Conselheiro

2 Foram consultados diversos documentos originais em meio digital solicitados pelo aplicativo da Torre do Tombo relativo aos protocolos de reuniões entre outras tratativas para o reconhecimento da Independência do Império Brasileiro. No entanto, o documento que informa o valor da compra da Biblioteca Real ainda não foi encontrado e, por essa razão, a informação é proveniente das fontes secundárias consultadas (Carvalho, 1994; Schwarcz, 2002, [2013]).

Privado de Sua Majestade Britânica, um dos plenipotenciários do Tratado de Paz e Amizade[3] (Tratado..., 1825).

> O estado português exigia que fosse pago o valor correspondente a todos os objetos que tinham ficado no Rio de Janeiro. A conta que o inglês trazia era longa em itens e implicava debitar ao Brasil metade da dívida pública contraída até 1807 – a "bagatela" de 12 899:856$276 reis.
>
> E não só. No documento intitulado "Conta dos objetos que Portugal teria deixado de reclamar ao Brasil", resultado da quarta conferencia realizada em Lisboa em 15 de abril de 1825, incluía-se tudo de que se lembrava ou que se julgava de direito: as equipagens, as pratas, os navios de guerra, os soldos dos oficiais, os fretes dos barcos que conduziram as tropas, divisões militares, o êxodo das armas, as artilharias e, o que nos interessa mais de perto, vendia-se a Real Biblioteca [...] por 800:000$000 reis (oitocentos contos de reis).

O valor de 800 contos de reis foi definido com base em parecer elaborado pelo bibliotecário real, Frei Joaquim Dâmaso. De acordo com Schwarcz, a Biblioteca Real era o segundo item do documento Conta dos objetos ... " e seu valor representava 12,5% do total a ser pago; quatro vezes mais do que a famosa prataria da coroa, assim como 4 vezes mais do que a equipagem determinada na conta". O precioso acervo era composto por 80 mil itens contendo desde cartas de Padre Anchieta e de Padre Manoel da Nóbrega à obras

3 Os demais plenipotenciários que assinaram o Tratado de Aliança e Paz foram Luiz José de Carvalho e Melo, Barão de Santo Amaro e Francisco Villela Barbosa.

autografadas por Marquês de Pombal (Schwarcz, 2002, p. 393-395; Schwarcz, [2013]; Glaber, 2014).

Medeiros (2022, p. 18-19) consultou fontes que descreveram outras coleções documentais igualmente preciosas adquiridas após a vinda da família Real portuguesa tais como "o espólio do frei José Mariano da Conceição Velloso, em 1811, que consistia em impressos e manuscritos; a livraria do conde da Barca, em 1817, composta de livros e manuscritos raros; o acervo manuscrito do arquiteto José da Costa e Silva, em 1818, composto de desenhos, estampas, moldes, entre outros".

Por outro lado, algumas partes do acervo da Biblioteca Real retornaram a Portugal em duas situações, segundo as fontes consultadas: a) em 26 de abril de 1821, quando os manuscritos pertencentes ao Real Tesouro regressou com D. João VI e sua família Real para Portugal enquanto a outra parte do acervo da Biblioteca Real permaneceu em solo brasileiro - assim como seu filho e representante, o Príncipe-Regente (Glaber, 2014). b) em 1822, quando o "padre Joaquim Dâmaso, primeiro prefeito da Real Biblioteca, volta a Portugal por não concordar com a independência, e leva consigo mais de cinco mil códices dos cerca de seis mil que vieram com a Família Real" (Biblioteca Nacional, [2022]).

Esses dados obtidos principalmente na literatura disponível demonstram a necessidade de mais pesquisas para elucidar e mapear um dos episódios mais marcantes da história da Biblioteconomia brasileira e da Biblioteca Nacional. Desvelar as condições em a Biblioteca Real foi adquirida bem como as primeiras providências dos bibliotecários envolvidos para garantir sua nova identidade, mesmo diante das pressões políticas do período, é sem dúvida um potencial a ser explorado em novos estudos.

2.2 Frei Arrábida, o bibliotecário da Independência

O frei franscicano português Antônio de Arrábida, nascido em Lisboa aos nove dias de setembro de 1771 e falecido no Rio de Janeiro, em dez de abril de 1850, era o Conselheiro Real do Príncipe Regente D. João. Com as notícias sobre a invasão francesa, Frei Arrábida, nomeado preceptor de D. Pedro, viajou com ele no mesmo navio para o Brasil «selando uma fiel ligação que se estenderia por muitos anos" (Bettamio, [2013]).

Prova disso é que, durante o turbulento período que marca a independência do Brasil, é Frei Arrábida[4] quem recebe a nomeação oficial de bibliotecário da nova biblioteca do império em 23 de outubro de 1822, ou seja, pouco mais de dez dias após a aclamação de D. Pedro I[5].

> Attendendo ao merecimento e distinctas qualidades, que concorrem na Pessoa do Padre Mestre Frei Antônio de Arrabida, Meu Confessor: Hey por bem Fazer-lhe Mercê de o Nomear **Bibliothecario da Bibliotheca Publica desta Corte**, cujo Emprego exercerá debaixo

4 Conforme visto, Padre Joaquim Dâmaso não concordou com a Independência do Brasil e retornou a Portugal em 1822. De acordo com Medeiros (2022, p. 106), o Frei Gregório José Viegas, o Padre Joaquim Dâmaso e Luis dos Santos Marrocos, trabalharam na Biblioteca Real durante o período de 1810 a 1821.

5 O documento é assinado por José Bonifácio de Andrada e Silva. No entanto, a descrição do documento pela Biblioteca Nacional atribui o ofício à D. João VI, apesar da data 23 de outubro de 1822, isto é, após o Grito do Ipiranga que demarca a Independência do Brasil. O termo "Bibliotheca Publica desta Corte", e não a Biblioteca Real, é uma grande pista de que o documento fora expedido pelo Império Brasileiro. Também é possível pensar em um atraso natural devido à distância entre Portugal e Brasil, quando os acontecimentos atropelaram a burocracia cotidiana. É um aspecto que precisa ser mais explorado em estudos.

> das Minhas Imperiaes e imediattas Ordens. José Bonifacio de Andrada e Silva, do Meu Conselho de Estado, Ministro e Secretario de Estado dos Negócios do Imperio, e que serve o Cargo de Meu Mordomo Mór, o tenha assim entendido e faça executar. Palacio do Rio de Janeiro em vinte e três de Outubro de mil e oitocentos de vinte e dois (Silva, 1822, grifo nosso).

O novo regulamento da referida biblioteca pública foi elaborado somente em 1824, no entanto, chama a atenção o uso do termo "Bibliotecário" como cargo oficial, até então inexistente comparado com o Estatuto anterior (Estatuto ..., 1821). Frei Arrábida pode ser, então, considerado o primeiro bibliotecário do período da Independência do Brasil.

Também é importante considerar que o decurso de tempo passado entre o grito do Ipiranga em setembro de 1822 ao reconhecimento oficial de Portugal da independência do Império brasileiro, em 30 de agosto de 1825, pode ter sido um período de incertezas, especialmente para a gestão da nova biblioteca. As fontes identificadas e consultadas não trouxeram muitos dados que revelassem ser aquele um momento promissor ou instável em termos de financiamento, por exemplo. Por outro lado, de acordo com Medeiros (2022, p. 19), a livraria de Francisco de Mello Franco foi adquirida em 1824, isto é, durante o ano da promulgação da primeira constituição do país e um ano antes da assinatura do Tratado de Paz e Amizade. O "Guia de Coleções da Divisão de Manuscritos da Biblioteca Nacional", revela que o acervo de Francisco de Melo Franco, composto por 1.593 peças, foi adquirido por meio de compra por 1:200$000[6] (Perez, 2018, p. 446-447), ou seja, trata-se de um considerável valor.

Carvalho (1994, p. 52) identificou em seu livro um documento que especifica as normas para a venda de livros da Bibliotheca Imperial e Pública, nova denominação da Biblioteca, na qual José Bonifácio dee Silva autorizou o bibliotecário Frei Francisco Antonio de Arrábida, a listar as duplicatas da biblioteca formando lotes e anunciar a sua venda ao público.

> Manda Sua Majestade o Imperador pela Secretaria de Estado dos Negócios do Império que o Bibliothecario da **Bibliotheca Imperial e Publica** desta Corte, Frei Antônio de Arrábida, procedendo a formação de hum catalogo das Obras duplicadas que existirem na mesma Bibliotheca, e à sua competente avaliação em preços [....], segundo a sua raridade e conservação, annuncio a sua venda ao Publico, distribuindo as mencionadas obras em lotes, [...], e cujo produto será aplicado a beneficio da referida Bibliotheca. Palacio do Rio de Janeiro em 22 de novembro de 1822[7] (Carvalho, 1994, p. 52, grifo nosso).

Embora não tenha sido possível identificar e localizar o original citado por Carvalho, é provável que a Biblioteca Imperial e Pública, já em 1822, procurou garantir uma fonte de recursos.

---

6 Em índices de conversão hipotéticos, disponíveis na internet, o valor pode chegar a cerca de 125 mil reais nos dias atuais.

7 Carvalho (1994) não referenciou o material citado e, apesar das buscas nos catálogos da Fundação Biblioteca Nacional, não foi possível encontrar o referido documento para explorar o conteúdo da fonte.

2.3 O novo regulamento da Biblioteca Imperial e Pública

O alto valor da aquisição da Biblioteca Real e o permanente e ininterrupto trabalho desenvolvido na biblioteca, mesmo após a Independência do País, pode representar, em certo sentido, a sua relevância para o Império brasileiro e, provavelmente, o compromisso deste em manter a biblioteca em funcionamento.

O novo regulamento foi instituído em 1824, no mesmo ano da Constituição, em substituição do estatuto anterior da Real Biblioteca, do ano de 1821. É interessante observar que a Biblioteca Imperial e Pública da corte do Rio de Janeiro foi subordinada diretamente ao Secretário de Negócios do Império, José Bonifácio Andrada e Silva, a mesma hierarquia estabelecida no Estatuto anterior para a Real Biblioteca (Brasil..., 1886a; Medeiros, 2022, p. 18-19).

Porém, ao comparar os dois documentos, o novo regulamento é mais detalhado. As principais mudanças observadas por Carvalho (1994. p. 47 e 50) entre os "Estatutos da Real Bibliotheca" (1821) e o novo regulamento instituído pela Decisão do Governo nº 191 de 1824 (Brasil..., 1886a) foram: "Além da troca da palavra *Real* por *Imperial*, o novo regulamento mudou também, o título do seu Administrador maior, que, em vez de prefeito ou zelador, passou a chamar-se Bibliotecário". O emprego da palavra "Bibliotecário" expressa, neste contexto, um novo *status* político, técnico e profissional marcante, tanto para a biblioteca, uma instituição pública devotada ao público, quanto para a profissionalização do cargo de bibliotecário.

Outro aspecto que chama a atenção do novo regulamento de 1824 (Brasil..., 1886a, p.135-138) é o quadro de formação de empregados que, além do Bibliotecário, também era composto pelo ajudante Bibliotecário[8].

> São atuais empregados da Bibliotheca Imperial e Publica os seguintes:
> 1 Bibliotecário
> 1 Ajudante Bibliotecário
> 3 Officiaes Ajudantes
> 2 Amanuenses
> 4 Serventes
> 1 Livreiro Encadernador
> 2 Escravos

Quanto à descrição dos cargos, observa-se que, além do número 14 de pessoas, foi previsto uma equipe especializada composta por 1 Bibliotecário, 1 Ajudante Bibliotecário, 3 Oficiais Ajudantes, 2 Amanuenses, 4 Serventes e 1 Livreiro Encadernador.

Na descrição, o cargo de bibliotecário possui atribuições de gestor, porém suas funções são mais genéricas, não há descrição dos trabalhos mais técnicos de seu nível:

> O Bibliothecario tem a seu cargo o total governo deste estabelecimento em todas, e em cada uma das suas relações, e partes. Regula, compra, vende, fiscalisa, e promove tudo quanto a elle convem. Responde e dá contas a S. M. o Imperador pelo Ministro e Secretario de Estado dos Negocios do Imperio. Todos os empregados

8 Os cargos de oficiais e amanuenses perduram no quadro funcional da Biblioteca Nacional até a reforma administrativa de 1944 com o novo regulamento (Brasil, 1944).

> lhe estão sujeitos, e lhe obedecem em tudo relativo ao serviço da Bibliotheca (Brasil, 1886a, p. 137).

O ajudante bibliotecário, de nível mediato, foi igualmente descrito de forma genérica: "é obrigado á guarda da casa, a vigiar, e dirigir os trabalhos, e os empregados. Responde pela execução do Regulamento e ordens ao Bibliothecario; e quando este está impedido, faz em tudo plenamente as suas vezes" (Brasil, 1886a, p. 137).

A parte mais técnica das atividades biblioteconômicas ficaram ao cargo dos oficiais ajudantes no nível operacional:

> têm obrigação de formar os catalogos, e arranjar os livros segundo o systema que se lhes der, que deverão cuidadosamente conservar; de dar os livros, e de os receber das pessoas que os pedirem, de os repôrem em seu logar; de vigiarem quem entra, o que faz, e como está; respondem ao Ajudante Bibliotheca.rio pelo desempenho não só disto, mas de tudo quanto a bem da policia, arranjo, conservação, e guarda da Bibliotheca lhes fôr por elle mandado (Brasil, 1886a, p. 137).

Os amanuenses são escriturários que também podem executar as obrigações dos oficiais ajudantes sob supervisão do ajudante bibliotecário. Os serventes, além do serviço comum de varrer e limpar o interior e exterior da biblioteca, também lhes cabiam a limpeza dos livros e estantes. O livreiro encadernador «responde por tudo, quanto pertence á sua occupação, trabalho e officina" (Brasil, 1886a, p. 137).

Duas pessoas escravizadas também foram consideradas como empregadas pelo regulamento: "os escravos são para o serviço grosseiro da limpeza, acarretar agua, lavar as casas, conduzir pesos, e cousas necessarias de fóra" (Brasil, 1886a, 137). Apesar de terem suas atribuições previstas e descritas tal como os demais, seus nomes não apareceram na tabela em que constam os nomes dos empregados e seus respectivos vencimentos, reforçando a condição de exclusão dessas pessoas, mesmo após a Independência do Brasil (Brasil, 1886b, p. 52).

O Decreto de 21 de agosto de 1824 (Brasil ..., 1886b, p. 52), que tratou dos vencimentos dos empregados enquanto a Assembleia Legislativa «não fixar um plano geral de vencimentos para esta Repartição", reforça a condição de exclusão das pessoas escravizadas. Por outro lado, o Estatuto da Real Bibliotheca (Estatuto ..., 1821) nem sequer citou as atividades realizadas pelos escravizados.

No referido decreto, o Cargo de Bibliotecário, igualmente, não está listado na tabela, mas provavelmente por outra razão não esclarecida (Brasil ..., 1886b, p. 53). Também é interessante observar que, tanto o quadro de formação de empregados quanto o plano de vencimentos a ser fixado pela Assembleia Legislativa, se assemelham em finalidades aos planos de cargos e salários contemporâneos (Brasil ..., 1886b, p. 135).

Dessa forma, o ajudante de bibliotecário, o Padre Felisberto Antonio Pereira Delgado, recebeu por mês 50$000. Os ajudantes Manoel José Maria, José Maria Nazareth e Fr. Pedro de São João, receberam 29$166. Os amanuenses José Gregório de Pontes e José Ventura Boscoli receberam 20$833. Os serventes Domingos Thomaz d'Aquino, José Antonio de Moura, João Ignacio Corrêa Freitas e Antonio de Moraes, receberam 19$166. O livreiro Silvino

José de Almeida recebeu 19$166 (Brasil… , 1886b). Não há mulheres entre os empregados.

Figura 1 - Empregados da Biblioteca Imperial e Pública da Corte em 1824

Relação das pessoas empregadas na Bibliotheca Imperial e Publica da Côrte, a quem Sua Magestade o Imperador Ha por bem Conceder as gratificações a que se refere o Decreto desta data.

EMPREGADOS	GRATIFICAÇÕES		
	DIA	MEZ	ANNO
Ajudante do Bibliothecario			
Padre Felisberto Antonio Pereira Delgado	1$600	50$000	600$000
Ajudantes			
1.º Manoel José Maria................	$972	29$166	350$000
2.º José Maria Nazareth..............	$972	29$166	350$000
3.º Fr. Pedro de S. João............	$972	29$166	350$000
Amanuenses			
José Gregorio de Pontes...............	$694	20$833	250$000
José Ventura Boscoli..................	$694	20$833	250$000
Serventes			
1.º Domingos Thomaz d'Aquino.......	$638	19$166	230$000
2.º José Antonio de Moura............	$638	19$166	230$000
3.º João Ignacio Corrêa Freitas........	$638	19$166	230$000
4.º Antonio de Moraes................	$638	19$166	230$000
Livreiro			
Silvino José de Almeida..............	$638	19$166	230$000
Somma.................	9$094	274$994	3:300$000

Secretaria de Estado dos Negocios do Imperio em 21 de Agosto de 1824.— *Theodoro José Biancardi.*

Fonte: Brasil (1886b, p. 53).

A comparação entre o "Estatuto Real Bibliotheca" (Estatuto…, 1821) e o novo regulamento (Brasil…, 1886a) também revelam o funcionamento da biblioteca, os encargos de cada função e atividades desempenhadas, enriquecendo a história das práticas biblioteconômicas, especialmente aspectos voltados para as coleções (aquisição e preservação), entre outros ainda a serem mais exploradas em estudos futuros trazendo, à exemplo da seção anterior, potencial de pesquisa.

3 CONSIDERAÇÕES FINAIS

Um dos aspectos mais evidentes do presente estudo é realmente a escassez de documentos que elucidem e comprovem detalhadamente esse episódio histórico que envolve a Independência do país e a biblioteca que originou a formação da Biblioteca Nacional (Brasil). Nesse sentido, a proposta do texto de contextualizar o período de transição marcado pelas tratativas para a aquisição da Biblioteca Real pelo Império Brasileiro e seu funcionamento no período entre setembro de 1822 a agosto de 1825 foi, em parte, bem-sucedida tendo em vista os documentos e literatura disponíveis e sua riqueza de dados.

O documento que atribui o valor da indenização da Biblioteca Real da Corte Portuguesa ao Império do Brasil, que ainda não foi encontrado, demarca a prova de um dos primeiros eventos que envolve a história Biblioteconomia brasileira, e, sobretudo, sua memória e identidade a ser compartilhada coletivamente.

As circunstâncias que nomearam Frei Arrábida, bibliotecário da Biblioteca do Império, igualmente merecem maiores esclarecimentos: se foi um ato do império brasileiro, ou um ato de D. João VI que chegou em atraso, após a Independência do país conforme observado em nota (nota 5). Da mesma forma, o estudo dos demais documentos produzidos pelo Frei Arrábida são fontes de estudos de alta relevância pelo potencial de detalhamento das práticas biblioteconômicas empregadas na época. O «livro registral" (Ofícios, 1822), por exemplo, traz as correspondências trocadas entre a Biblioteca e as diversas repartições do governo desde 23 de outubro de 1822, quando foi nomeado Bibliotecário. Dentre as correspondências, a relação de despesas revela os gastos realizados pela biblioteca, uma fonte importante que espelha a gestão de Frei Arrábida, outra riqueza a ser explorada.

O Estatuto da Biblioteca Real (1821) e o novo regulamento (1824) (Brasil..., 1886a) são documentos preciosos para explorar dados e estudos que elucidem as práticas biblioteconômicas do século XIX, a partir da década de 1820.

Os três grandes temas que convergiram neste estudo - a aquisição da Biblioteca Real, o bibliotecário Frei Arrábida e o novo regulamento da Biblioteca Imperial e Pública - oferecem um caminho seguro para que pesquisadores e pesquisadoras possam aprofundar novas pesquisas e preencher as evidentes lacunas históricas.

Os esforços contínuos de pesquisa são necessários não apenas para encontrar os documentos comprobatórios que tratam da história da Biblioteconomia brasileira, mas, especialmente, para iluminar a memória de gerações de bibliotecários e bibliotecárias que construíram a Biblioteca Nacional e são exemplos para o futuro.

REFERÊNCIAS

BETTAMIO, Rafaella. Frei Antônio de Arrábida, o Bispo de Anemúria. *In*: BIBLIOTECA NACIONAL. **Dossiê**: Biblioteca Nacional: 200 anos. Rio de Janeiro, [2013]. Disponível em: https://bndigital.bn.gov.br/dossies/biblioteca-nacional-200-anos/os-personagens/frei-antonio-de-arrabida-o-bispo-de-anemuria/. Acesso em: 20 fev. 2023.

BIBLIOTECA NACIONAL. **Sobre a BN**: Histórico: 1821-1840. [2022]. Disponível em: https://antigo.bn.gov.br/sobre-bn/historico. Acesso em: 20 jan. 2023.

BRASIL. Decreto nº 16.167, de 24 de Julho de 1944. Aprova o regulamento da Biblioteca Nacional. **Diário Oficial da União**, Rio de Janeiro, Seção 1, 26 jul. 1944, p. 13181. Disponível em: https://www2.camara.leg.br/legin/fed/decret/1940-1949/decreto-16167-24-julho-1944-463672-publicacaooriginal-1-pe.html. Acesso em: 11 jul. 2023.

BRASIL. Leis, etc. Decisões do Governo, nº. 191, em 13 de setembro de 1824. Approva o regimento interno para a Bibliotheca Imperial e Publica desta Côrte. *In*: BRASIL. Leis, etc. **Collecção das leis do Imperio do Brazil**: 1824: parte 3a. Rio de Janeiro: Imprensa Nacional, 1886a. p. 135-138. Disponível em: https://bd.camara.leg.br/bd/items/4916792a-55c4-4a97-b12d-aa05da682524. Acesso em: 24 out. 2022.

BRASIL. Leis, etc. Decreto de 21 de agosto de 1824. Marca provisoriamente os vencimentos dos empregados da Bibliotheca Imperial e Publica. *In*: BRASIL. Leis, etc. **Collecção das leis do Imperio do Brazil**: 1824: parte 2a. Rio de Janeiro: Imprensa Nacional, 1886b. p. 52-53. Disponível em: https://bd.camara.leg.br/bd/items/4916792a-55c4-4a97-b12d-aa05da682524. Acesso em: 24 out. 2022.

CARVALHO, Gilberto Vilar de. **Biografia da Biblioteca Nacional (1807 a 1990)**. Rio de Janeiro: Irradiação Cultural, 1994. 225 p. Disponível em: https://literaturabrasileira.ufsc.br/documentos/?action=download&id=115957 . Acesso em: 20 jul. 2023.

CONVENÇÃO Adicional ao Tratado de Paz, Amizade e Aliança de 29 de agosto de 1825, entre El Rei o Senhor D. João VI e D. Pedro I, Imperador do Brasil, assinado no Rio de Janeiro naquela mesma data, e ratificada por parte de Portugal em 15 de novembro, e pela do Brasil em 30 de agosto do sobredito ano. 1825. Disponível em: https://concordia.itamaraty.gov.br/detalhamento-acordo/12. Acesso em: 12 jul. 2023.

GLABER, Louise. Biblioteca Imperial e Pública. In: CABRAL, Dilma; BARCELOS, Fábio Campos. **Dicionário da Administração Pública do período imperial**.: 1822-1889. Rio de Janeiro: Arquivo Nacional, 2014. Disponível em: https://mapa.an.gov.br/index.php/assuntos/15-dicionario/65-dicionario-da-administracao-publica-brasileira-do-periodo-imperial/262-biblioteca-nacional. Acesso em: 20 fev. 2023.

GABLER, Louise. Comissão Executiva de Comemoração do Centenário da Independência. In: CABRAL, Dilma; CAMARGO, Angélica Ricci. Dicionário da Administração Pública Brasileira da Primeira República. Rio de Janeiro: Arquivo Nacional, 2022. Disponível em: https://mapa.an.gov.br/index.php/dicionario-primeira-republica/1012-comissao-executiva-de-comemoracao-do-centenario-da-independencia. Acesso em: 20 fev. 2022.

ESTATUTOS da Real Bibliotheca. Rio de Janeiro: Na Regia Typographia, 1821. Disponível em: https://objdigital.bn.br/objdigital2/acervo_digital/div_manuscritos/mss636313/mss636313.html#page/8/mode/1up. Acesso em: 24 out. 2024.

OFÍCIOS. Rio de Janeiro: [s.n.], 10/12/1822 - 05/08/1833. 188 doc. (108 f.), Original, 32,0 x 23,0 cm. Localização: Manuscritos - 70,3,007

MEDEIROS, Luciane Simões. **A coleção da Biblioteca Nacional**: arquivo e memória institucional, 1911-1996. 2022. Dissertação (Mestrado em Preservação e Gestão do Patrimônio Cultural das Ciências da Saúde) - Casa Oswaldo Cruz, Fiocruz. 2022.

MORAES, Roque; GALIAZZI, Maria do Carmo. **Análise Textual Discursiva.** 3 ed. rev. e ampl. Ijuí: UNIJUÍ, 2020.

PEREZ, Eliane (Org.). **Guia de coleções da Divisão de Manuscritos da Biblioteca Nacional**. Rio de Janeiro: Fundação Biblioteca Nacional, 2018. Disponível em: https://www.gov.br/bn/pt-br/central-de-conteudos/producao/publicacoes/guia-colecoes-divisao-manuscritos-fbn. Acesso em: 20 fev. 2024.

SCHWARCZ, Lilia Moritz. A história de uma biblioteca: a Real Biblioteca e a sina comum e apartada de Brasil e Portugal. ***In***: BIBLIOTECA NACIONAL. **Dossiê**: Biblioteca Nacional: 200 anos. Rio de Janeiro, [2013]. Disponível em: https://bndigital.bn.gov.br/dossies/biblioteca-nacional-200-anos/as-colecoes-formadoras/a-historia-de-uma-biblioteca-a-real-biblioteca-e-a-sina-comum-e-apartada-de-brasil-e-portugal/. Acesso em: 20 fev. 2023.

SCHWARCZ, Lilia Moritz. **A longa viagem da biblioteca dos reis**. Rio de Janeiro: Companhia das Letras, 2002.

SILVA, José Bonifácio de Andrada e. **Oficio de D. Joao VI a Jose Bonifacio, nomeando o Padre Mestre Frei Antonio de Arrabida, seu confessor, bibliotecario da Biblioteca Publica da Corte**. Palacio do Rio de Janeiro: [s.n.], 23/10/1822. Fotocopia. Localização: Manuscritos - I-4,35,010

TRATADO de Paz, Amizade e Aliança entre D. Pedro I, Imperador do Brasil, e D. João VI, el-Rei de Portugal entre Império do Brasil e o Reino de Portugal. 29 de agosto de 1825. Disponível em: https://concordia.itamaraty.gov.br/detalhamento-acordo/11. Acesso em: 12 jul 2023.

A BIBLIOTECA NACIONAL E OS DESDOBRAMENTOS DO CENTENÁRIO DA INDEPENDÊNCIA DO BRASIL

Simone da Rocha Weitzel[1]

Resumo

O presente texto é parte do projeto de pesquisa "Memórias da Biblioteconomia nos 200 anos da Independência", financiado pela Faperj, que busca explorar as narrativas sobre a Independência do Brasil e a Biblioteconomia, destacando a participação da Biblioteca Nacional (Brasil) entre 1918 e 1923 nas comemorações do centenário da independência. A Biblioteca Nacional emerge como protagonista nessas narrativas, junto de seus bibliotecários, em um contexto de escassa literatura sobre sua contribuição para a Biblioteconomia brasileira. O estudo aponta a dificuldade de acesso a documentos primários relevantes que ainda devem ser descobertos, como o texto "A Função do Bibliotecário" de Constâncio Alves, ainda não encontrado nos catálogos da biblioteca. A pesquisa tem como foco a identificação de fatos e acontecimentos marcantes na Biblioteca Nacional durante o centenário da independência e sua relação com a Biblioteconomia. Com uma abordagem qualitativa, utiliza métodos de pesquisa bibliográfica e documental, além da Análise Textual Discursiva (ATD). Os textos do *corpus*, constituído por obras listadas nas referências, foram unitarizados e categorizados para fomentar um metatexto trazendo uma nova compreensão sobre os fatos. Essas categorias são apresentadas como títulos de seções primárias e secundárias do capítulo, facilitando a interpretação dos dados e contribuindo para a elucidação da história da

1 Professora Titular e Docente do Programa da Pós-Graduação em Biblioteconomia da UNIRIO (PROPAP). ID Lattes: https://lattes.cnpq.br/9686940788640111. ORCID: https://orcid.org/0000-0002-6498-9861.

Biblioteconomia brasileira, especialmente no contexto fluminense. O estudo reafirma a importância de explorar fontes históricas para preencher lacunas no campo.

Palavras-chaves: 1. História da Biblioteconomia; 2. Biblioteca Nacional (Brasil); 3. Centenário da Independência do Brasil.

Abstract

This text is part of the research project "Memories of Librarianship in the 200 years of Independence", funded by Faperj, which seeks to explore the narratives about Brazilian Independence and Librarianship, highlighting the participation of the National Library (Brazil) between 1918 and 1923 in the celebrations of the centenary of independence. The National Library emerges as a protagonist in these narratives, along with its librarians, in a context of scarce literature on its contribution to Brazilian librarianship. The study points to the difficulty of accessing relevant primary documents that have yet to be discovered, such as the text "A Função do Bibliotecário" by Constâncio Alves, which is not found in the library>s catalogs. The research focuses on identifying key facts and events at the National Library during the centenary of independence and their relationship with librarianship. With a qualitative approach, it uses bibliographical and documentary research methods, as well as Textual Discourse Analysis (TDA). The texts of the *corpus*, made up of works listed in the references, were unitarized and categorized in order to foster a metatext bringing a new understanding of the facts. These categories are presented as titles of the primary and secondary sections of the chapter, facilitating the interpretation of the data and contributing to the elucidation of the history of Brazilian librarianship, especially in the context of Rio de Janeiro. The study reaffirms the importance of exploring historical sources to fill gaps in the field.

Keywords: 1. History of Library Science; 2. National Library (Brazil); 3. Centenary of Brazilian Independence.

1 INTRODUÇÃO

O presente texto é fruto de um dos braços do projeto de pesquisa "Memórias da Biblioteconomia nos 200 anos da Independência", financiado pela Faperj, que pretende caracterizar como e quando as narrativas construídas em torno da Independência do Brasil e do campo da Biblioteconomia se entrelaçaram confluindo em resultados marcantes.

Desse modo, este estudo destacou um dos momentos que envolveram direta ou indiretamente o campo da Biblioteconomia entre 1918 e 1923 com a participação da Biblioteca Nacional no advento da efeméride do centenário da Independência do Brasil. A Biblioteca Nacional, além de cenário, é também protagonista dessas narrativas juntamente com os seus bibliotecários.

Este estudo se justifica especialmente pela escassa literatura sobre o papel da Biblioteca Nacional na consolidação do campo da Biblioteconomia brasileira. Muitas fontes e dados sobre esse tema se encontram em documentos primários presentes nas coleções da própria Biblioteca Nacional, dentre os quais alguns estão disponíveis para acesso. Certamente que ainda existem outras fontes e dados a serem descobertos, seja no próprio acervo da BN, seja em coleções particulares (familiares de seus bibliotecários e egressos do seu curso) dificultando demais o acesso a documentos fundamentais que poderiam cobrir lacunas históricas sobre o campo da Biblioteconomia no Brasil.

Para ilustrar essa problemática, o texto "A Funcção do bibliothecario" apresentado por Constâncio Alves durante a inauguração do curso de Biblioteconomia na Biblioteca Nacional em 10 abril de 1915, ainda não foi encontrado em seus catálogos e seria um achado importante para descrever o perfil do profissional à época[2]. Portanto, ainda há muito a ser feito para identificar fontes e elucidar aspectos ainda pouco explorados no campo da história da Biblioteconomia brasileira.

Estudar esses documentos no recorte temporal que abrange as décadas de 1910 e 1920, demonstra o potencial de pesquisa existente para aprofundar este e outros estudos semelhantes a partir do próprio acervo da Biblioteca Nacional. Essa estratégia é uma das formas possíveis para contribuir para a elucidação de abordagens históricas e basilares no campo da Biblioteconomia brasileira e, em especial, da Biblioteconomia fluminense.

---

2 Foi identificado recentemente nos catálogos da Biblioteca Nacional um documento manuscrito com título atribuído como "Anotações a respeito do funcionamento da Biblioteca Nacional e das atribuições necessárias ao profissional bibliotecário" de autoria de Constâncio Alves datado em 1932, igualmente atribuído por quem fez a catalogação (Alves, [1932?]). Essas atribuições afastam a possibilidade de que essas anotações sejam da palestra que Constâncio Alves proferiu no dia 10 de abril de 1915, apesar das semelhanças de conteúdo. Dessa forma, é mais provável que o documento seja fruto de anotações para as aulas do Curso que foi retomado em 1932. O documento encontrado, formado por 12 pedaços de papel cortados em forma de pequenas fichas (cerca de 10 cm de largura), trata basicamente do pessoal necessário para o trabalho em bibliotecas. Os temas envolveram especialmente as horas de trabalho conforme o tipo de biblioteca e a distribuição do serviço segundo as aptidões dos empregados. Os conhecimentos exigidos e aptidões eram verificados por meio de exames, concursos e trabalhos práticos dos cursos de Biblioteconomia. Os conhecimentos necessários foram caracterizados por Constâncio Alves como: gerais, envolvendo a erudição (história, geografia, ciências físicas e naturais e idiomas mais conhecidos) e conhecimentos especiais ou técnicos (Bibliografia, iconografia, numismática, paleografia e diplomática). É importante observar, no entanto, que os conhecimentos técnicos descritos por Alves neste manuscrito, reproduzem as quatro matérias do curso de Biblioteconomia da Biblioteca Nacional oferecidas entre 1915 e 1922 (Brasil, 1911). Em 1932 as matérias sofreram algumas alterações com a exclusão de numismática, a inclusão de História Literária aplicada à Bibliografia. A matéria Iconografia passou a incluir cartografia em seu nome (Brasil, 1931b).

Nesse sentido, a presente pesquisa teve por objetivo identificar fatos e acontecimentos ocorridos na Biblioteca Nacional durante o período das comemorações do centenário da independência e de sua relação com a Biblioteconomia brasileira naquele período.

O estudo, de caráter qualitativo, teve a pesquisa bibliográfica e documental como principais métodos de coleta de dados juntamente com a análise textual discursiva (ATD) para descrever e interpretar os dados nos termos de Moraes e Galiazzi (2020).

O levantamento bibliográfico foi extenso e exaustivo, realizado nos catálogos da Biblioteca Nacional e também em outras fontes externas como Arquivo Nacional, Instituto Histórico e Geográfico Brasileiro e Portal da Legislação do Planalto, principalmente, resultando na constituição de um *corpus* formado por obras de relevância para o estudo, referenciadas ao final do capítulo.

Em seguida, foram empreendidas as leituras das obras que formaram o *corpus* para identificar os trechos pertinentes para a pesquisa, os quais foram transcritos e organizados em planilhas. Por fim, a partir dos trechos selecionados, foram elaboradas e estruturadas as categorias que emergiram de tais trechos culminando na análise dos dados comparando cada trecho em suas categorias.

As categorias figuram sob a forma de títulos das seções primárias e secundárias deste capítulo. Os respectivos textos apresentados sob cada seção (categoria) equivalem ao processo de análise e discussão dos dados da pesquisa, narrativa denominada de metatexto pelo método ATD ao longo da seção 2.

2 O CONTEXTO E DESDOBRAMENTOS DO CENTENÁRIO DA INDEPENDÊNCIA NA BN

A Exposição Internacional do Centenário da Independência - Rio de Janeiro, com seu pórtico e pavilhões emblemáticos, deixou construções remanescentes que podem ser visitadas ainda hoje na cidade do Rio de Janeiro. Este evento, ocorrido entre o dia sete de setembro de 1922 a 24 de julho de 1923, é, sem dúvida, o mais monumental de todos aqueles que foram programados para comemorar a efeméride (Fabrica ..., [1922]; Arquivo Nacional, [2012?]). Numerosas e diversas fontes descrevem a grandiosidade dessas comemorações - desde os registros fotográficos dos jornais da época até ao programa oficial e decretos publicados em Diário Oficial[3], necessários para planejar, organizar e executar os festejos envolvendo, sobretudo, a Prefeitura do Distrito Federal, hoje cidade do Rio de Janeiro, e a então República dos Estados Unidos do Brasil.

A profusão de fontes sobre o tema trouxe também algumas dificuldades para compreender o histórico e a ordem dos fatos e acontecimentos que envolveram as comemorações, seja quanto à sua complexa organização, seja quanto aos aspectos decorrentes de decisões governamentais tomadas para a ocasião que afetaram diretamente o funcionamento de instituições de memórias como a Biblioteca Nacional, foco deste estudo.

3 Glaber (2022) fez um breve histórico da organização do evento e cita alguns decretos como exemplo: a) Decreto nº 4.175, de 11 de novembro de 1920 que "Autoriza o Poder Executivo a promover, conforme melhor convier aos interesses nacionaes, a commemoração do Centenario da Independencia Politica do Brasil" (Brasil, 1920). b) Decreto nº 15.066, de 24 out. 1921 que, dentre outras providências, estabeleceu os órgãos do governo que integraram comissão que foi responsável pela "execução do programma da Commemoração do Centenario da Independencia Politica do Brasil, já organizado, com as modificações que se tornarem necessarias" (Brasil, 1921). c) Decreto nº 15.581, de 26 de Julho de 1922 que "Estabelece que as providencias para a execução do programma da commemoração do Centenario da Independencia Politica do Brasil caberão a um commissario geral' (Brasil, 1922a).

A efeméride exigiu ajustes normativos por parte do governo brasileiro, envolvendo leis e decretos, especialmente o decreto n.º 15.596, de 2 de agosto de 1922 (Brasil, 1922b), que definiu a criação e o regulamento do Museu Histórico Nacional o qual, consequentemente, alterou o regulamento da Biblioteca Nacional e o destino do Curso de Biblioteconomia até então sob sua responsabilidade (Brasil, 1922c). Cabe ressaltar que o Museu Histórico Nacional foi uma das instituições criadas especialmente para a ocasião em 1922.

Quanto à Biblioteca Nacional, a efeméride afetou não somente o destino do Curso de Biblioteconomia mas também a rotina de trabalho dos seus bibliotecários. Essas mudanças resultaram na transferência de sua coleção de Numismática para o recém- criado Museu Histórico Nacional e o estabelecimento de uma nova Seção em seu lugar dedicada à coleção de periódicos assim como a cessão de funcionários para apoiar a organização das comemorações do centenário organizado pelo governo brasileiro. A saga da publicação da obra intitulada *Documentos para a história da independência* (1923) foi outro ponto destacado que se inicia em 1919 com o seu planejamento e concluída somente em 1923 com a sua publicação.

O cenário, marcado pelo período de pós-guerra e de pós-pandemia de gripe espanhola, insere a Biblioteca Nacional como protagonista de uma fase representativa para a Biblioteconomia brasileira, especialmente em relação à criação, em 1911, e inauguração do seu curso de Biblioteconomia, em 1915, até o encerramento de suas atividades em 1923. Esta fase também é marcada pelo fechamento do ciclo de uma geração de bibliotecários emblemáticos, como Manuel Cícero Peregrino da Silva que termina sua gestão em 1924 e com o falecimento de Constâncio Alves e de Mário Behring em 1933. A continuidade desse legado se dá por uma nova geração de bibliotecários que foi formada pelos primeiros professores do curso.

Estes são os principais temas identificados a partir da leitura e análise do *corpus* aqui representado pelas seguintes categorias e subcategorias expressas nas seções: a) Período que precede a efeméride do centenário da independência na Biblioteca Nacional ao final da Primeira Guerra Mundial e da pandemia da gripe espanhola em 1918; b) A saga da efeméride envolvendo a produção da obra *Documentos para a história da independência* (1923); c) As mudanças estruturais da Biblioteca Nacional com o novo regulamento de 1922 (Brasil, 1922c).

2.1 Período que precede a efeméride: guerra e pandemia (1918)

Nos meses finais de 1918, apenas quatro anos antes das comemorações do centenário da Independência, a então capital federal do país, Rio de Janeiro, enfrentava a epidemia de gripe espanhola (Granchi, 2022; Neufeld, 2020). Um ano antes, ou seja, ainda durante a Primeira Guerra Mundial, Manoel Cícero Peregrino da Silva, Diretor da Biblioteca Nacional, licenciou-se do cargo para atuar como Diretor Geral da Instrução Pública (1917-1918), e, em seguida, como Prefeito Interino do Distrito Federal entre novembro de 1918 até janeiro de 1919[4].

4 O período exato em que Manoel Cícero Peregrino da Silva esteve no cargo de Prefeito Interino do Distrito Federal foi entre 16 de novembro de 1918 a 23 de janeiro de 1919, quando retornou à Direção da Biblioteca Nacional (Arquivo Geral da Cidade do Rio de Janeiro, 2014; Ygor, 2020).

Na qualidade de Diretor Geral de Instrução Pública Municipal, Manoel Cícero inovou ao convidar sete médicos para auxiliar no serviço médico escolar durante a pandemia (Para auxiliar o serviço, 1918, p. 3 *apud* Santos, 2021, p. 291).

Manoel Cícero Peregrino da Silva já era reconhecido por sua bem-sucedida gestão na Biblioteca Nacional que foi marcada, sobretudo, por grandes mudanças estruturais que vão desde a construção de um prédio e transferência do acervo para a nova sede em 1910 na atual Avenida Rio Branco (Biblioteca Nacional, 1909; 1960), à instalação e funcionamento do curso de formação de bibliotecários em 1915, previsto no regulamento da Biblioteca desde 1911 (Biblioteca Nacional, 1914). Outros feitos em sua gestão foram responsáveis por consolidar a Biblioteca Nacional como um polo cultural e intelectual no país (Fundação Biblioteca Nacional, c2010).

Basílio de Magalhães foi nomeado para a função de Diretor Interino da Biblioteca Nacional em dois de fevereiro de 1918 para substituir Aurelio Lopes de Souza, que até então respondia pelo cargo desde o impedimento de Manoel Cícero em 1917. Magalhães ficou à frente da Biblioteca Nacional no período do último ano da Primeira Guerra Mundial e durante o acometimento da pandemia da gripe espanhola na capital (Biblioteca Nacional, 1925a, p. 273).

Constam em seu relatório anual de 1918[5], informações de relevância sobre a rotina da biblioteca durante aqueles períodos

5 A maioria dos relatórios anuais da Diretoria da Biblioteca Nacional foi publicada nos Anais da Biblioteca Nacional e estão disponíveis em meio digital na Biblioteca Nacional Digital (BND). Portanto, a data da citação no texto refere-se à data de publicação dos Anais da Biblioteca Nacional e não ao ano dos relatórios. Por essa razão, as datas diferem nas citações. Assim, o relatório anual de 1918 e 1919 foi publicado em 1925; e os relatórios anuais de 1920 a 1923, em 1931. Os relatórios anuais da Biblioteca Nacional de 1924 a 1934 deixaram de ser publicados nos Anais da Biblioteca Nacional, prática que voltou a ser realizada em 1935 (publicado em 1939) na gestão de Rodolfo Garcia (1932-1945). Os relatórios anuais desse período específico estão disponíveis somente em papel e, para identificá-los e localizá-los, é preciso fazer buscas sistemáticas nos catálogos da Biblioteca Nacional. Talvez, por essa razão, a gestão de Mário Behring (1924-1932) seja tão pouco estudada.

de guerra e pandemia, dentre os quais se destacaram os seguintes (Biblioteca Nacional, 1925a, p. 273):

a) a queda da média diária de consultas na 1ª Seção (Impressos) que passou de 231,7 em 1917 para 185,5 em 1918, devido a "calamidade que salteou esta capital nos mezes de outubro e novembro" (Biblioteca Nacional, 1925a, p. 275). Por outro lado, as demais seções não foram afetadas, tal como foi descrito sobre a 3ª seção, cujo "movimento correu com a mais satisfactoria regularidade" (Biblioteca Nacional, 1925a, p. 278).

b) a programação das conferências, eventos de grande destaque instituídos por Manoel Cícero desde a sede do Passeio, também foi afetada provocando o adiamento de três delas para o ano de 1919: Miguel Calmon du Pin e Almeida, Miguel Couto e Adolpho Morales de los Rios (Fundação Biblioteca Nacional, c2010; Biblioteca Nacional, 1925a, p. 296-297).

c) no relatório anual de 1918, Basílio Magalhães, reivindica seu mérito por publicar os primeiros números do *Boletim Bibliographico*, de frequência trimestral, já prevista desde o Decreto n. 1825 de 20 de dezembro de 1907 e reiterada pelo Regulamento da Biblioteca Nacional de 11 de julho de 1911. Porém, os números três e quatro atrasaram devido a pandemia, quando não foi possível contornar os problemas técnicos relativos à impressão «por motivo da deficiência de pressão por parte do gáz de que se servem os nossos linotypos" (Biblioteca Nacional, 1925a, p. 293). Assim, Basílio Magalhães explica que o serviço de oficinas gráficas e de encadernação "funcionaram tambem com bastante regularidade, excepto apenas nos dias calamitosos da pandemia da gripe" (Biblioteca Nacional, 1925a, p. 294).

e) apenas o serviço de permutas internacionais foi afetado devido à Primeira Guerra Mundial: "Em consequência da guerra e das medidas excepcionais, que por causa della, o Governo do Brasil se viu coagido a tomar, não puderam seguir para os respectivos destinos as publicações endereçadas á Alemanha, Austria-Hungria, Belgica, Bulgaria, Russia e Turquia" (Biblioteca Nacional, 1925a, p. 293).

Vale destacar que no tópico "Registro e Pesquisa" do seu relatório, aparece pela primeira vez o tema do centenário da Independência com o estudo que está sendo realizado pela 3ª Seção, demonstrando desde então, uma intenção de participar da efeméride comemorativa do centenário da Independência na pessoa de Aurelio Lopes de Souza.

> Conforme o declara em seu relatorio, era pensamento do sr. Director da 3ª Secção [Aurelio Lopes de Souza] organizar, para a commemoração do centeário de nossa independência, em 1922, dous grandes catalogo, de alto valor para o público e para o bom nome deste estabelecimento: o "Catalogo Geral dos retratos existentes na Bibliotheca Nacional" e o "Catalogo Geral das Cartas geographicas existentes na Bibliotheca Nacional". Embora varias dificuldades se antolhem á execução de tais serviços, não devem eles ser descontinuados e muito menos abandonados (Biblioteca Nacional, 1925a, p. 295).

No entanto, os referidos catálogos iconográficos ainda não foram identificados nas buscas feitas nos catálogos do acervo da Biblioteca Nacional[6].

---

6 Uma hipótese é que a pesquisa iconográfica poderia ter fomentado outras publicações organizadas pela comissão geral do evento oficial do governo, e não para publicações exclusivas da Biblioteca Nacional,

Outro aspecto marcante deste período são os constantes afastamentos ou licenciamentos do cargo de Direção da Biblioteca Nacional por Manoel Cícero Peregrino da Silva. Aurélio Lopes de Souza, especialmente, e Mario Behring foram os diretores interinos mais recorrentes.

2.2 Documentos para a História da Independência: a saga da efeméride

Em 1919, com Manoel Cícero Peregrino da Silva de volta ao cargo de Diretor da Biblioteca Nacional, foram tomadas providências mais robustas em relação aos preparativos da Biblioteca Nacional para as comemorações do centenário da Independência do país. Manoel Cícero criou um novo tópico no relatório anual de 1919 exclusivo para tratar somente do "Centenario da Independencia do Brasil" (Biblioteca Nacional, 1925b, p. 324) o qual figurou nos relatórios seguintes[7] até 1923 com a publicação da obra *Documentos para a História da Independência* (Biblioteca Nacional, 1931d).

Neste novo tópico, Manoel Cícero relatou sua iniciativa em se antecipar e ouvir o Conselho Consultivo da Biblioteca Nacional sobre o "modo pelo qual deverá a Bibliotheca Nacional tomar parte na commemoração do Centenario da Independencia do Brasil" (Biblioteca Nacional, 1925b, p. 324):

> Approximando-se a época em que se commemorará o centenário da Independencia do Brasil, pareceu-me util ouvir o Conselho Consultivo acerca da participação

apesar de não existirem evidências até o presente momento.

7 O novo tópico "Centenário da Independencia do Brasil" só não aparece no relatório anual de 1920 (Biblioteca Nacional, 1931a).

> da Biblioteca Nacional na celebração da grande data da nossa historia (Biblioteca Nacional, 1925b, p. 329).

O Conselho Consultivo, outra inovação da gestão de Manoel Cícero, era formado à época pelos diretores das quatro Seções da Biblioteca Nacional: Constâncio Alves (1ª. Seção - Impressos), João Carlos de Carvalho (2ª Seção - Manuscritos), Aurelio Lopes de Souza (3ª Seção - Estampas e Cartas Geográficas) e João Gomes do Rego (4ª Seção - Moedas e Medalhas).

Em atendimento ao pedido de Manoel Cícero, o Conselho Consultivo se reuniu no dia 19 de agosto de 1919, conforme registrado em uma ata, um manuscrito escrito à lápis em fichas pautadas (Propostas..., 1919), que relata com detalhes, as ideias que surgiram para a comemoração do centenário da independência pela Biblioteca Nacional.

Na leitura da ata manuscrita, duas propostas se destacaram: a de João Carlos de Carvalho e a de Constâncio Alves. O diretor da 2ª Seção (manuscritos) da Biblioteca Nacional, João Carlos de Carvalho, apresentou a sua proposta de compilar um suplemento independente para atualizar o *Catalogo da Exposição de Historia do Brasil* com as aquisições feitas daquela data em diante (1881) (Biblioteca Nacional, c1981). Dessa forma, não seria necessário verificar as mais de 20 mil referências do Catálogo, nem modificar toda a obra já publicada, no processo de corrigir erros, atualizar os dados ou mesmo a sua estrutura, o que exigiria mais tempo e pessoal (Propostas..., 1919, p. 3). Porém, João Carlos de Carvalho reconhece a complexidade da empreitada e faz um alerta para que "qualquer resolução que se venham a tomar nesse sentido deve ser muito ponderada, para evitar que depois de grandes esforços e despesas extraordinárias, se tenha de passar pelo vexame de um fracasso" (Propostas..., 1919, p. 3).

A proposta do Diretor da 1ª Seção, Constâncio Alves, foi considerada, conforme a ata, "Muito mais exequível e adequada ao grande acontecimento que se pretende celebrar" por ser mais modesto, mas de alta relevância, envolvendo uma obra que contivesse os manuscritos sobre os movimentos pró-independência (Propostas..., 1919).

> [...] publicação, que nunca se fez, do processo integral da Inconfidência Mineira, publicação que, permittindo a collaboração de todas as secções, deverá ser completada com a inclusão de documentos inéditos que possam ser encontradas e com a reedição coordenada dos que se acham esparsos em revistas e obras varias, organizando-se deste modo uma obra completa que poderá ser acompanhada de fac-símile e illustrações e que, tanto quanto possível, deixe esgotado o assumpto. Esta solução teria ainda a vantagem de poder o serviço ser desempenhado dentro das horas do expediente e com um pequeno pessoal que quasi não iria além dos directores de secção. É o que lhe pareceu por ora, mais aceitavel (Propostas..., 1919).

Confrontando essas proposições levantadas na ata em 1919 com a obra finalizada, intitulada *Documentos para a História da Independência* (1923), percebe-se que a sugestão de Constâncio Alves prosperou. Os documentos que a compõem, oriundos da Seção de Manuscritos, foram totalmente transcritos e, talvez por isso, não haja fac-símiles ou ilustrações conforme tinha sido sugerido como possibilidade por Alves.

Mas, chama a atenção que a base das discussões do Conselho Consultivo tenha iniciado com a referência ao *Catálogo da Exposição de História do Brasil*[8]. Fruto de uma exposição de mesmo nome, a obra tornou-se fonte de grande relevância histórica do século XIX. A exposição e o respectivo catálogo foram organizados por Ramiz Galvão, então Diretor da Biblioteca Nacional, e sua renomada equipe composta por Alfredo do Vale Cabral, João Capistrano de Abreu, João Ribeiro e Menezes Brum (Biblioteca Nacional, c1981, p. X; Ascoli, 1924, p. 73). A inauguração da referida exposição, que contou com as ilustres presenças de D. Pedro II e Dona Tereza Cristina, ocorreu aos 2 de dezembro de 1881, quando o Imperador completou 56 anos (Biblioteca Nacional, c1981, p. X).

A pesquisa bibliográfica e documental indicou que a sugestão para que a Biblioteca Nacional realizasse a exposição sobre História do Brasil nos padrões de Ramiz Galvão, está no Art. 46 do *Projecto de comemoração do primeiro centenário da independência do Brasil* elaborado por Nestor Ascoli[9] (Ascoli, 1924):

> [...] a Bibliotheca Nacional organizará uma exposição de História do Brasil como complemento e continuação

8 Para José Honório Rodrigues, que introduz a reimpressão da Editora da UnB do Catálogo da referida exposição sobre história do Brasil em 1881, a publicação foi considerada "de extraordinária importância na historiografia brasileira, não somente por ser única em sua época, em termos universais, como porque nada melhor se construiu no Brasil depois dele" (Biblioteca Nacional, c1981, p. vii). Portanto, em seu ponto de vista, a obra supera fontes consagradas como Biblioteca Luzitana de Barbosa Machado e Diccionário Bibliographico Portuguez de Innocêncio Francisco da Silva tanto por sua cobertura, por compreender "todo e qualquer livro que trate do Brasil, em qualquer lingua, de 1500 a 1881, ou seja 381 anos de bibliografia brasileira", quanto por sua organização temática, cuja "chave de classificação começa pela geografia do Brasil, rios, costa, porto" entre outros (Biblioteca Nacional, c1981, p. viii).

9 Nestor Ascoli foi relator de documentos parlamentares e anais da Secretaria da Câmara de Deputados (Brasil, 1940).

> da que foi realizada em 1881 dando maior amplitude ao plano então adoptado, de modo a comprehender tudo quanto se tiver imprimido no Paiz ou lhe disser respeito; empenhar-se-a no sentido de enriquecer as colecções com que haja de contribuir e apresentará em bôas condições os objectos que forem expostos, para o que deverá adquirir estantes que se tornarem necessárias, fazendo proceder à encadernação ou reencadernação dos livros cujo estado de conservação o exigir e publicará o respectivo catálogo, effetuando, além disto a publicação dos documentos que possuir relativos á Independência do Brasil e ás tentativas de emancipação politica que a precederam. Esses trabalhos serão publicados entre annexos do Livro do Centenário (Ascoli, 1924, p. 73).

O Projeto de Nestor Ascoli foi redigido em forma de artigos, provavelmente para ser o programa oficial das comemorações da independência, e foi encaminhado ao congresso no ano de 1919. O pequeno livreto de 94 páginas, publicado posteriormente em 1924, apresenta em detalhes todo o planejamento das comemorações do centenário da Independência, incluindo as articulações entre diferentes instituições e níveis de governo.

Além da exposição, Ascoli também sugeriu em seu projeto que a Biblioteca Nacional organizasse um Congresso Brasileiro de Bibliotecários[10] para estudar temas especializados do campo da Biblioteconomia. No entanto, segundo as fontes da Biblioteca Nacional consultadas até o presente, o evento não ocorreu e nem

10 A sugestão da realização de um evento profissional pode ser considerada inovadora para a época, pois até 1919, não foram encontrados nas fontes consultadas quaisquer registros de eventos desta natureza na história da Biblioteconomia brasileira. Faltam mais estudos para confirmar esse dado.

foi conjecturado entre os diretores de seção da Biblioteca Nacional de acordo com as fontes consultadas (a referida ata de reunião do Conselho Consultivo de agosto de 1919 e os relatórios anuais dos anos de 1919 a 1923).

> Art 47. A Bibliotheca Nacional promoverá a reunião de um Congresso Brasileiro de Bibliotecários, que realizará em Setembro de 1922, para estudar as differentes questões que interessam ás bibliothecas do Paiz, principalmente as que dizem respeito aos systemas de classificação e ás normas de catalogação, aos meios de conservação dos livros, à installação das bibliothecas e à constituição do respectivo pessoal. O regulamento do Congresso Brasileiro de Bibliotecários será expedido pelo Ministro que tiver a seu cargo os Negócios da Instrucção Pública (Ascoli, 1924, p. 73).

Para viabilizar as iniciativas, Ascoli (1924, n. p.) previu o orçamento e alocação de recursos conforme pode ser verificado na "Tabella de Distribuição da Despesa" listado ao final da brochura onde constam "as despesas a cargo do Governo Federal". Para a Biblioteca Nacional Ascoli sugeriu o valor de 300:000$000, quantia bem maior que a prevista para o "Archivo Nacional" (Art. 48): 20:000$000, por exemplo. Porém, presume-se que tal valor não tenha sido empenhado, senão as despesas normais do orçamento que permitiram publicar a obra *Documentos para a História da Independência,* conforme também se presume pelos relatórios anuais da Biblioteca Nacional do período (1919-1923).

No entanto, apesar de o projeto de Ascoli ter chegado ao Congresso Nacional em 12 de julho de 1919 "por intermedio do Sr.

Dr. Justiniano de Serpa, então representante do Estado do Pará na Câmara dos Deputados, e que fôra designado para relatar a matéria na sua comissão de Finanças" (Ascoli, 1924, p. 31), ainda não foi possível identificar e localizar os seus desdobramentos na legislação brasileira que estão disponíveis nas plataformas do Planalto, Senado e Câmara dos Deputados. O que se presume é que, com os avanços dos preparativos oficiais das comemorações do centenário da Independência, e o tempo cada vez mais exíguo, o projeto proposto por Nestor Ascoli não foi totalmente acolhido pelo poder público, apesar de seus esforços e sugestões consideradas magníficas à época por Antonio Carlos Ribeiro (Ascoli, 1924). Tendo por base o projeto original de Ascoli (1924), por ele «preparado e concluído com antecipação bastante para a sua execução feliz" (Ascoli, 1924), o Programa Oficial das Comemorações da Independência era bem mais modesto (Brasil, [1921]).

Conforme visto, os diretores de seção que formavam o Conselho Consultivo da Biblioteca Nacional ponderaram sobre a sua participação com base no Projeto de Ascoli, que era o que já havia disponível para consulta em agosto de 1919 quando se reuniram à pedido de Manoel Cícero, Diretor da Biblioteca Nacional à época. Porém, ao consultar o programa oficial intitulado *Centenario da Independencia, 1822-1922: programa de commemoração e regulamento geral da exposição*" sob a autoria do Ministério da Justiça e Negócios Interiores publicado em 1921 (Brasil, [1921]), isto é, dois anos depois daquela reunião, não há qualquer menção sobre a participação da Biblioteca Nacional nas comemorações do Centenário.

Justifica-se, portanto, o tom de preocupação dos bibliotecários do Conselho Consultivo da Biblioteca Nacional em manter tão alto padrão para ser executado em tão pouco tempo, conforme consta na ata de agosto de 1919[11]. Organizar uma exposição e seu respectivo catálogo nos moldes do que foi feito por Ramiz Galvão e sua equipe poderia consumir anos a fio. Dessa forma, a tentativa de João Carlos de Carvalho propor algo mais alinhado ao projeto original de Ascoli, sugerindo a atualização do Catálogo em forma de suplemento em lugar da referida exposição, traduziu bem essa preocupação. Porém, com a proposta de Constâncio Alves, mais exequível e original, as ideias presentes no projeto de Ascoli foram descartadas pelo Conselho Consultivo.

Manoel Cícero, no entanto, conduziu a situação como um diplomata agindo sem desconsiderar o que foi proposto por Ascoli, evitando impor algo novo ao governo ou contrário ao projeto, por intermédio do Ministério da Justiça e Negócios Interiores, ao qual a Biblioteca Nacional estava subordinada, sem contudo, deixar de atender ao que foi proposto pelo Conselho Consultivo. Por outro lado, há uma possibilidade de que Manoel Cícero tenha feito as sugestões de tais propostas relativas à participação da Biblioteca Nacional nas comemorações do Centenário da Independência,

11 O envolvimento dos Diretores de Seção na comemoração do sexto centenário de morte de Dante pode ter sido o outro motivo plausível que justifica a preocupação dos conselheiros, para além da necessária atenção com a qualidade e prazos para garantir a participação da Biblioteca Nacional nas comemorações do centenário da Independência do país. Certamente, muito esforço foi empreendido para organizar a exposição que ocorreu em setembro de 1921 e, posteriormente, a fonte "Catálogo da Exposição biblio-Iconographica organisada pela Bibliotheca Nacional do Rio de Janeiro e Commemorativa do sexto centenário de Dante" publicada nos Anais da Biblioteca Nacional em 1925 (Biblioteca Nacional, 1925c, p. 225-269) enquanto a Biblioteca Nacional ainda negociava com o Ministério de Justiça e Negócios Interiores o que seria feito para a efeméride do centenário da Independência. Aurélio Lopes de Souza, Diretor interino da Biblioteca Nacional na ocasião, descreveu o evento e a exposição em detalhes incluindo as obras de artes e livros somando três páginas sob o tópico dedicado ao tema no relatório anual de 1921: "Foi realizada uma Exposição Biblio-iconographica e oito conferências sobre o poeta, a sua obra, a sua acção no tempo e a sua influencia nas lettras" (Biblioteca Nacional, 1931b, p. 270-272).

tendo em vista a dedicatória que Ascoli lhe concedeu[12]. Talvez por isso justifica-se o seu cuidado em não deixar de considerar o que foi proposto no projeto de Ascoli (1924).

Dessa forma, a leitura dos relatórios anuais da Biblioteca Nacional do período entre 1919 e 1921 sugere que Manoel Cícero e, na interinidade, Aurelio Lopes de Souza, garantiram a melhor alternativa tendo em vista o que estava proposto no projeto de Ascoli, mais audacioso, e o que foi proposto pelo Conselho Consultivo, mais modesto, intermediando a construção do ideal para o possível com a publicação da obra *Documentos para a história da Independência* (Biblioteca Nacional, 1923).

Manoel Cícero já trata do assunto no seu relatório referente ao ano de 1919 para o Ministro resumindo o conteúdo da ata da reunião do Conselho Consultivo, com as suas propostas:

> Realizou-se a reunião a 19 de agosto, tendo sido suggeridos vários alvitres, como a organização e publicação de um catalogo de tudo quanto se tem imprimido no Brasil e a respeito delle e a reedição do Catalogo da Exposição de Historia do Brasil para, sob outro plano, serem accrescentadas as acquisições posteriores. Reconhecendo os membros do Conselho que o tempo que faltava para a commemoraçao não permittia a realização das idéas que suggeriam, além

12 O pequeno livreto publicado em 1924 revela a dedicatória de Nestor Ascoli ao Sr. Dr. Manoel Cícero Peregrino da Silva e ao Presidente do Instituto Histórico e Geográfico Sr. Dr. Conde de Affonso Celso. A Dedicatória ao então Diretor da Biblioteca Nacional, sugere que Ascoli tenha se aconselhado com Manoel Cícero. É provável que a previsão da participação da Biblioteca Nacional nas comemorações do Centenário da Independência do Brasil tenha sido incluída no seu Projeto em função de suas sugestões conforme o trecho grifado na transcrição a seguir: «[...] archétypo de virtudes raras, exemplar admirável de cidadão, a quem me ufano de dever conselhos e luzes na longa labuta pela elaboração do Projecto de Comemoração do Primeiro Centenário da Independência do Brasil" (Ascoli, 1924, grifo nosso).

> de não dispor a Bibliotheca de pessoal sufficiente, lembraram como cousas exequiveis publicar ineditos, reeditar raridades, organizar catálogos parciaes e outros trabalhos bibliographicos, elaborar monographias, realizar conferencias, publicar o processo integral de inconfidência mineira, com o accrescentamento de documentos ineditos que se lhe refiram, e fazer sobre Tiradentes um trabalho biblio-iconographico com complementos cartographico e numismatico. Foi também proposta a organização do catalogo geral das moedas e medalhas brasileiras (Biblioteca Nacional, 1925b, p. 330).

Em seguida, Manoel Cícero faz comentários sobre as limitações que dificultam a execução do que foi originalmente sugerido no projeto apresentado na Câmara dos Deputados em relação à participação da Biblioteca Nacional nas comemorações do centenário da Independência. As seis alíneas abaixo transcritas por Manoel Cícero em seu relatório anual são idênticas àquelas sugeridas por Nestor Ascoli (1924, p. 73) em seu projeto que, conforme visto, é o mesmo apresentado pelo Deputado Justiniano de Serpa.

> Taes alvitres estão em grande parte comprehendidos no plano mais vasto traçado, relativamente á contribuição da Bibliotheca Nacional, no programa que acompanhou o substitutivo apresentado em dezembro de 1919 pelo deputado Justiniano de Serpa ao projecto da Camara dos Deputados n. 278, de 1916[13], plano cuja execução dependia de recursos especiais, de pessoal extranumerário e de suficiente

13 O substitutivo "apresentado em dezembro de 1919 pelo deputado Justiniano de Serpa ao Projecto da Camara dos Deputados, n. 278, de 1916" não foi localizado na legislação brasileira disponível nas plataformas governamentais nas fontes consultadas.

lapso de tempo. Segundo (sic) esse programa, cumpriria á Bibliotheca Nacional:

a) organizar uma exposição de Historia do Brasil como complemento e continuação da que foi realizada em 1881, dando maior amplitude ao plano então adoptado, de modo a comprehender tudo quanto se tivessem imprimido no pais ou lhe dissesse respeito;

b) empenhar-se no sentido de enriquecer ás collecções com que tivesse de contribuir;

c) apresentar em boas condições os objectos que fossem expostos, para o que deveria adquirir as estantes necessárias, fazendo proceder a encadernação ou reencadernação dos livros cujo estado de conservação-o exigisse;

d) publicar o catalogo dessa exposição;

e) **publicar os documentos que possuísse relativos á Independencia do Brasil e ás tentativas de emancipação política que á precederam**;

f) promover a reunião, em setembro de 1922, de um Congresso Brasileiro de Bibliothecarios para estudar as differentes questões que interessam ás bibliothecas do pais, principalmente as que dizem respeito aos systemas de classificação e ás normas de catalogação, aos meios de conservação dos livros, á installação das bibliothecas e á constituição do respectivo pessoal. (Biblioteca Nacional, 1925b, grifo nosso).

A obra sugerida por Constâncio Alves na reunião de 1919 está alinhada com o que foi proposto no projeto de Ascoli, conforme grifado na alínea "e".

No tópico "Commemoração do Centenario da Independencia" do relatório do ano de 1921, Aurélio Lopes de Souza, Diretor interino[14], descreveu o passo a passo do que foi proposto pela Biblioteca Nacional e, depois, o que foi escolhido como decisão final sobre como a Biblioteca participaria da efeméride do centenário da Independência:

a) Primeiro, foram descritas para o Ministério as propostas apresentadas pela Biblioteca Nacional, as quais estavam alinhadas ao que foi detalhado por Nestor Ascoli (Biblioteca Nacional, 1931b, p. 272):

> Entendendo a Directoria da Bibliotheca dever a Repartição contribuir, tanto quanto estivesse ao seu alcance, para a commemoração do Centenario da Independencia, propoz a esse Ministério, em ofício de 23 de junho, o seguinte programa de cooperação:
>
> I. Expor os livros, periódicos, documentos manuscritos, estampas, cartas geographicas, medalhas, etc., que possuísse e aceitasse para esse fim, relativos á Independencia, á sua época e ás tentativas de emancipação politica que a precederam. Organizar e publicar o catalogo dessa exposição.

14 Manuel Cícero Peregrino da Silva foi designado para uma comissão do Ministério da Justiça e Negócios Interiores entre 17 de dezembro de 1921 a 10 de novembro de 1922 e, em seguida, entrou de "licença de três mezes para tratamento da saúde" (Biblioteca Nacional, 1931c, p. 426).

> II. Publicar os documentos mais importantes dentre aqueles com que ocorresse.
>
> III. Promover a reunião de um Congresso Brasileiro de Bibliothecarios para estudar as diferentes questões que interessem ás bibliothecas do pais. Organizar uma exposição para o periodo da reunião do Congresso, do material necessário ao apparelhamento especial das bibliothecas. Publicar os resultados do Congresso.
>
> IV. Elaborar e publicar uma desenvolvida noticia histórica do estabelecimento.

b) Em seguida, Aurelio Lopes de Souza atribuiu ao Governo a escolha do item II referente à publicação de uma obra contendo os documentos manuscritos referentes à Independência, justamente a sugestão dada pelo Conselho Consultivo em 1919 por Constâncio Alves:

> Inteirado do assumpto, resolveu o Governo se celebrasse a memoravel data com a execução de parte daquella proposta, isto é, com a publicação de documentos manuscriptos existentes na Bibliotheca e relativos á Independencia, o que foi autorizado em ofício n. 3.185, de 31 de outubro [de 1921] (Biblioteca Nacional, 1931b, p. 272).

No relatório de 1922, Aurélio Lopes de Souza, outra vez como Diretor interino, cita o programa de cooperação apresentado pela Biblioteca Nacional para, em conjunto com o Ministério, se chegar a um consenso sobre de que forma a Biblioteca Nacional tomaria parte do centenário da Independência. Assim, a Biblioteca

Nacional cumpriu sua parte na efeméride com a organização da obra *Documentos para a história da Independência*, da forma que considerou mais viável sem impor sua vontade, isto é, envolvendo todos os interessados: do Conselho Consultivo ao Ministério:

> No relatório correspondente a 1921, ficou assinalado ter o Governo, por acto official de 21 [*Sic*] de Outubro, resolvido aproveitar, do programa de cooperação apresentado pela Bibliotheca para a commemoração do Centenario, a parte referente á publicação de manuscriptos da Repartição, relativos a esse grande acontecimento nacional (Biblioteca Nacional, 1931c, p. 452).

Assim, depois de dois anos e poucos meses, entre agosto de 1919 a outubro de 1921, foi finalmente referendada a decisão de publicar documentos manuscritos sobre a independência, atrasando, com esses trâmites, o início da produção da obra.

Com a morte de João Carlos de Carvalho em 1921, informada no relatório anual do mesmo ano, Mario Behring foi promovido ao cargo de diretor da 2ª Seção, dedicada aos Manuscritos (Biblioteca Nacional, 1931b, p. 249-250). Provavelmente foi o próprio Mário Behring quem deu continuidade às tarefas para a organização da obra uma vez que, de acordo com relatório anual de 1922 elaborado por Aurélio Lopes de Souza (Biblioteca Nacional, 1931c, p. 452), as providências para organizar a obra iniciaram somente em 1922 conforme grifado no trecho destacado a seguir.

> No começo da sua interinidade, em 1922, deu esta Directoria as primeiras providencias. **Teve**

> **prosseguimento pelo respectivo Director, na secção de manuscriptos, a pesquisa iniciada**, e foi feito o recolhimento de documentos apropriados (Biblioteca Nacional, 1931c, p. 452, grifo nosso).

O relato de Aurélio Lopes prossegue descrevendo que as tarefas de coletar, selecionar e analisar os documentos manuscritos consumiram alguns meses e que a parte final da organização da obra na escolha definitiva dos documentos a serem incluídos coube à Diretoria Geral. Há um agradecimento especial ao amanuense da Seção de Manuscritos Pedro Rodrigues da Cunha que separou a documentação, conforme segue:

> Após demorado trabalho de alguns mezes, vieram ter á Directoria Geral, para mais detido exame e definitiva escolha, os documentos até então separados. Auxiliou-a na ardua tarefa o amanuense Pedro Rodrigues da Cunha, daquella secção.
>
> Foram grandes, cumpre não silenciar, as difficuldades deparadas. Trabalho typographico impossivel de executar fora do estabelecimento, dentro dele não sobravam facilidades para ser levado a bom termo com a precisa rapidez.
>
> O pessoal extranho admitido para esse serviço extraordinário, como só poderia ser feito, em breve tinha de ser substituído, nas mesmas condições, por empregados das officinas da casa.
>
> Ainda assim, não obstante todo o empenho da Directoria, não pode o 1º volume sair na data do Centenario; apenas

> foi conseguido ficar prompta toda a composição deste volume (Biblioteca Nacional, 1931c, p. 452).

A obra, com tiragem de mil exemplares, foi preparada e impressa nas oficinas gráficas da Biblioteca Nacional, conforme foi descrito no relatório anual de 1923 por Mario Behring, que era diretor interino no período (Biblioteca Nacional, 1931d, p. 475). Porém, tanto Mario Behring quanto Aurélio Lopes de Souza no ano anterior (1922), vinham demonstrando a ineficiência das oficinas gráficas e os seus consequentes prejuízos ao Estado, recomendando a extinção das oficinas e a contratação do serviço por terceiros[15]. De certa forma, o processo de preparação e impressão, além das tratativas apontadas acima, também podem ter causado algum atraso na publicação *Documentos para a história da independência.*

No entanto, no tópico sobre a Comemoração do Centenário da Independência no relatório anual referente ao ano de 1923, Mario Behring afirma, ao reiterar sua recomendação para a extinção das oficinas gráficas da Biblioteca Nacional[16], que mesmo tendo

---

15 No relatório referente ao ano de 1923, Behring usa o exemplo da edição da obra Documentos para a Historia da Independência para ilustrar o sensível prejuízo que o Estado vinha sofrendo ao manter uma oficina gráfica na Biblioteca Nacional. Behring sugere que o serviço deveria ser realizado por contrato, fora da Biblioteca. Mil exemplares da referida obra custaram 12:000$000, enquanto que "qualquer oficina particular teria executado esse serviço pela 5ª parte ficando cada exemplar a 4$000" (Biblioteca Nacional, 1931d, p. 475-476). Aurelio Lopes de Souza também sugeriu a extinção das oficinas gráficas da Biblioteca Nacional em função do prejuízo sofrido em 1922 (Biblioteca Nacional, 1931c, p. 457-458). A oficina de tipografia e encadernação foram instaladas em 1902 por Manoel Cícero com a finalidade de possibilitar à Biblioteca Nacional a impressão de suas obras (Fundação Biblioteca Nacional, c2010). Segundo os relatórios anuais de Manoel Cícero, a data difere: a oficina de encadernação foi criada em 2 de julho de 1903 (Biblioteca Nacional, 1904, p. 358) e a tipografia em 8 de agosto de 1903 (Biblioteca Nacional, 1905, p. 522).

16 Os relatórios anuais da Biblioteca Nacional da década de 1910 foram publicados nos Anais da Biblioteca Nacional sempre com algum atraso (de três a cinco anos) pelas Oficinas Gráficas da Biblioteca Nacional. Os relatórios anuais da década de 1920, foram publicados apenas em 1931 e mesmo assim, somente aqueles relativos aos anos de 1920 a 1923. As Oficinas Gráficas foram extintas em 9 de novembro de 1931 pelo Decreto nº 20.629 durante a Era Vargas (Brasil, 1931a; Almeida, 2021).

finalizado o trabalho de organização, a obra da efeméride não pode ser impressa em 1922.

> Continuou ainda na officina graphica da Bibliotheca a impressão do 1º volume dos Documentos para a Historia da Independencia , iniciada em 1922, cuja composição, em seu relatório referente ao anno de 1922, o director geral interino Dr. Aurelio Lopes de Souza declarara estar concluida. Esse facto vem reforçar os argumentos em outro logar expendidos sobre a perfeita inutilidade das officinas graphicas da Bibliotheca Nacional (Biblioteca Nacional, 1931d, p, 476).

Aurelio Lopes de Souza, Diretor Geral Interino na época, registra publicamente na apresentação da obra comemorativa do Centenário da Independência o atraso de sua publicação, sem, contudo, deixar de exaltar o valor do trabalho empenhado que se traduziu em uma coletânea de documentos manuscritos do período entre 1820 a 1825.

> Com a publicação do presente volume [...], inicia a Bibliotheca Nacional, embora com algum atrazo, a árdua tarefa que lhe foi reservada, em comemoração do 1.Centenario, de divulgar papeis do seu archivo — projectos, cartas, pareceres e outros — referentes aos acontecimentos politicos que tiveram como remate a separação do Brasil da península e sua emancipação como nação livre e soberana (Biblioteca Nacional, 1923).

De acordo com Souza, a obra seria publicada em quatro volumes. Este primeiro volume, já publicado com 503 páginas, reuniu documentos envolvendo Lisboa e Rio de Janeiro no período entre 1820 e 1825, especialmente. Este volume cobriu documentos manuscritos agrupados em 29 temas relativos, por exemplo, a Revolução Liberal Portuguesa, passando por ideias separatistas, pelo regresso da Corte Portuguesa a Portugal, pela Revolução Liberal do Brasil, pelo "Dia do Fico" entre outros até chegar ao reconhecimento da independência. O índice onomástico (p. 495-503) que acompanha a obra contextualiza cada personalidade nos documentos apresentados. Quanto aos demais futuros volumes, cobririam São Paulo, Minas e algumas províncias do Norte e Bahia. No entanto, somente o volume 1 foi publicado, segundo informação no catálogo da BN e também das buscas realizadas para esta pesquisa.

A saga da efeméride do centenário da Independência do país, que culmina com a publicação da obra *Documentos para a história da independência*, traduz um período bastante delicado, seja pela guerra e pandemia, seja pelo cenário recente em que florescia uma jovem República entre outros aspectos que certamente povoaram o ambiente cultural e político do país, embora tais aspectos não tenham sido profundamente explorados nos documentos administrativos consultados.

No entanto, é possível verificar certos rastros que envolvem principalmente aspectos políticos, mais precisamente político-institucionais, que envolveram a participação da Biblioteca Nacional na efeméride, desde a primeira reunião do Conselho Consultivo em 1919 até a publicação da obra comemorativa do centenário da independência em 1923. Por exemplo, não há registros sobre a participação dos demais Diretores de Seção na produção da obra além do que foi discutido naquela reunião de agosto de 1919.

Exceção para a menção do início dos trabalhos em 1922 envolvendo diretamente o diretor da 2ª Seção (Manuscritos), uma vez que a obra reúne documentos oriundos dessa seção. Provavelmente Mário Behring deu continuidade ao trabalho iniciado pelo falecido João Carlos Carvalho, conforme visto na citação acima de Aurélio Lopes de Souza (Biblioteca Nacional, 1931c, p. 452). A finalização da obra parece ter sido realizada pelo próprio Aurelio Lopes de Souza com a ajuda do amanuense Pedro Rodrigues da Cunha que separou os documentos escolhidos (Biblioteca Nacional, 1931c, p. 452).

Outros fatores fortaleceram essa conjectura sugerindo certo desinteresse dos diretores de seção pela efeméride por alguma razão. As situações descritas a seguir oferecem algumas pistas que justificam essa suspeita:

a) A exposição Biblio-Iconográfica em Comemoração ao Sexto Centenário de Dante que ocorreu entre 13 a 17 de setembro em 1921, acompanhado de um catálogo, que foi publicado posteriormente nos Anais da Biblioteca Nacional em 1925 (Biblioteca Nacional, 1925c), foi um grande acontecimento e certamente exigiu bastante esforço e tempo dos Diretores das Seções enquanto as tratativas oficiais sobre o que seria feito para a ocasião da efeméride do Centenário da Independência ainda estavam em curso, desde 1919.

b) O falecimento de João Carlos de Carvalho, Diretor da Seção de Manuscritos, em 1921, pode ter afetado, de alguma forma, a continuidade das atividades da produção da obra *Documentos para a história da independência*, embora

Mario Behring o tenha substituído no cargo como efetivo (Biblioteca Nacional, 1931b, p. 249-250; 1931c, p. 452);

c) O desconforto com a iminente extinção da Seção de Moedas e Medalhas. João Gomes do Rego foi afastado da direção da Seção de Moedas e Medalhas em serviço na Comissão Executiva da Comemoração do Centenário da Independência[17] desde 24 de maio de 1922 até o final do ano. O sub-bibliotecário Edgard Romero o substituiu no cargo até setembro quando assumiu outro cargo público (Biblioteca Nacional, 1931c, 425-426). Com o estabelecimento do novo regulamento da Biblioteca Nacional, a seção foi extinta no mesmo mês (Brasil, 1922c);

d) Constâncio Alves também esteve afastado, mas para servir em um Júri[18] no ano de 1922 (Biblioteca Nacional, 1931c, p. 428). Constâncio não se afastou nem tirou qualquer tipo de licença pelo menos desde de 1917 até esta data, conforme os respectivos relatórios anuais consultados. No mesmo período, Mário Behring se afastou somente em 1923 nos meses de junho e julho em serviço no Ministério da Justiça e Negócios Interiores ao qual a Biblioteca Nacional estava à época submetida (Biblioteca Nacional, 1931d).

17 O Escritório da Comissão Executiva da Comemoração do Centenário da Independência foi sediado pela Biblioteca Nacional em junho de 1920 (Biblioteca Nacional, 1931a, p. 269). É possível que a comissão oficial tenha continuado suas atividades na Biblioteca Nacional até a conclusão de suas atividades, embora não tenha sido possível comprovar este dado neste estudo.

18 Não há detalhes sobre o período do afastamento de Constâncio Alves no relatório anual de 1922 (Biblioteca Nacional, 1931c), mas presume-se que o afastamento possa ter durado alguns dias. Segundo os relatórios anuais da Biblioteca Nacional, Constâncio Alves só se afastou naquela ocasião durante o período entre 1917 e 1923.

e) As recomendações de diretores interinos da Biblioteca Nacional, Aurélio Lopes de Souza e de Mario Behring, para o fechamento das Oficinas Gráficas da biblioteca, que foi implantada por Manoel Cícero, devido a prejuízos comprovados (Biblioteca Nacional, 1931d, p, 476);
f) A suspeita de que Manoel Cícero Peregrino da Silva tenha auxiliado ou feito propostas à Ascoli para incluir a Biblioteca Nacional nas comemorações da efeméride do centenário como sugere a dedicatória de Nestor Ascoli do livro publicado com o projeto original para os festejos da efeméride (Ascoli, 1924).
g) Os constantes afastamentos de Manoel Cícero Peregrino da Silva, seja para assumir cargos públicos, seja por motivos de saúde, que ocorreram ao longo de 1917 à 1923[19] e, pelo menos, até a sua saída em 1924 com a aposentadoria. Ao longo desse período, apenas os relatórios anuais da Biblioteca Nacional de 1919 e 1920 (Biblioteca Nacional, 1925b, 1931a) foram redigidos por Manoel Cícero. Apesar de ser apenas conjecturas, é possível que Constâncio Alves e Mario Behing tenham discordado de Manoel Peregrino em função das propostas sobre o Centenário da Independência.

A saga da efeméride do Centenário da Independência termina em 2023 com a publicação da obra comemorativa. Contudo, os relatórios administrativos não trazem as vozes e subjetividades de

19 É preciso localizar e consultar o relatório anual de 1924 impresso da Biblioteca Nacional para verificar e comprovar as datas exatas do retorno de Manoel Cícero de sua licença médica citada e de sua saída da Biblioteca Nacional. De acordo com Bittencourt (1955 *apud* Juvêncio; Rodrigues, 2017), o período da longa gestão de Manoel Cícero Peregrino da Silva decorreu entre os anos de 1900 até 1924.

seus protagonistas. Pelos relatórios não se sabe, por exemplo, se os Diretores das Seções aderiram totalmente à ideia de participar da efeméride do centenário tal como ocorreu, de forma efusiva, com a exposição sobre a efeméride de Dante. Igualmente, não se tem notícia de como eles receberam o novo regulamento da Biblioteca Nacional. É possível apenas ter algumas pistas sobre a insatisfação dos Diretores de seção em relação à algumas suspeitas elencadas acima e às mudanças sofridas, conforme segue na próxima seção.

2.3 As mudanças estruturais da Biblioteca Nacional com o Novo Regulamento

A aprovação de um novo regulamento da Biblioteca Nacional, publicado no Diário Oficial pelo decreto nº 15.670 no dia 6 de setembro de 1922 (Brasil, 1922c), um dia antes do centenário da Independência, trouxe mudanças estruturais para a Biblioteca Nacional dentre as quais duas foram aqui destacadas: a) A extinção da Seção de moedas e medalhas e a criação da Seção de periódicos; b) A criação do Curso Técnico no lugar do Curso de Biblioteconomia.

a) A extinção da Seção de moedas e medalhas e a criação da Seção de periódicos

A coleção de moedas e medalhas oriunda da 4ª Seção da Biblioteca Nacional foi integralmente transferida para o novo Museu Histórico Nacional, assim como outras coleções de instituições de memória para formar seu acervo. O Museu, criado pelo decreto nº 15.596, de 2 de agosto de 1922 (Brasil, 1922b), foi oficialmente inaugurado no dia 12 de outubro de 1922, mesma data de aniversário de D. Pedro I e da sua aclamação como Imperador do Brasil. O novo museu foi instalado no complexo arquitetônico que também abrigou o Palácio das Grandes Indústrias, um dos mais visitados na exposição do centenário (Rio de Janeiro ([2025?]; Museu Histórico Nacional [2025?]).

Com a transferência da coleção de moedas e medalhas para o Museu Histórico Nacional, João Gomes de Rego, que era o diretor da 4ª Seção à época, foi o candidato natural para dirigir a seção de periódicos, uma nova seção criada em seu lugar. Apesar de ter sido nomeado seu primeiro diretor por portaria de 20 de setembro de 1922, João Gomes do Rego estava em serviço na Comissão Executiva do Centenário da Independência desde 24 de maio de 1922 conforme o ofício nº 5.271 de mesma data (Biblioteca Nacional, 1931c, p. 426). Por essa razão, a direção da seção foi confiada a outros funcionários que ocuparam o cargo ao longo desse período[20].

João Gomes do Rego permaneceu no cargo de direção da Seção dedicada aos periódicos até 1927 e esteve à frente de várias comissões externas até se aposentar em 1930.

> Após a transferência do acervo de moedas e medalhas para o recém-criado Museu Histórico Nacional e com a criação da 4ª Secção da Biblioteca Nacional, dedicada aos Periódicos, em 1922, foi nomeado seu primeiro diretor, permanecendo no cargo até 1927. Em 1926, esteve em comissão percorrendo os estados da região sul a fim de promover o cumprimento da lei que determina

20 De acordo com as fontes consultadas, os funcionários que substituíram João Gomes do Rego e/ou ocuparam o cargo interinamente na nova seção de periódicos foram: Miguel Mello (entre 2 de outubro a 14 de novembro de 1922), Alfredo Mariano de Oliveira (provavelmente até dezembro de 1922 ou, ainda, durante 1923) e Carlos Mariani (1924-1925). Edgard de Araújo Romero o substituiu na Seção de Moedas e Medalhas no período de maio a setembro de 1922, quando a seção foi extinta (Biblioteca Nacional, 1931c, p. 426, 428; Fundação Biblioteca Nacional, [2023]).

a remessa de obras impressas à Biblioteca Nacional. Assumiu interinamente, durante alguns meses de 1926 e 1927, a Direção Geral da Biblioteca. Aposentou-se em 1930 (Fundação Biblioteca Nacional, [2023]).

É importante lembrar que Basílio de Magalhães recomendou, nas conclusões de seu relatório anual, referente ao ano de 1918, que seria mais conveniente que a 1ª seção (Impressos) se desdobrasse em duas: uma seção para as obras impressas e outra para os periódicos (Biblioteca Nacional, 1925a, p. 302). A seção foi criada em 1922 e, por ocasião do bicentenário da independência em 2022, comemorou seu centenário (Ferreira, 2022).

O sucesso da nova seção foi comprovado pelo relatório de 1922 que registrou naquele ano 24.689 leitores que consultaram 20.966 volumes entre almanaques, anais, jornais avulsos, leis e decretos, volumes e peças avulsas, mensagens, relatórios e revistas em português e em outros idiomas como inglês, francês e até árabe (Biblioteca Nacional, 1931c, p. 471).

b) A criação do Curso Técnico no lugar do tradicional Curso de Biblioteconomia da Biblioteca Nacional

O novo regulamento da Biblioteca Nacional trouxe outra grande mudança estrutural: o tradicional Curso de Biblioteconomia que funcionava desde 1915, foi transformado em um Curso Técnico que era, segundo o Art. 36 do Decreto 15.670 de 6 de setembro de 1922, «destinado a habilitar os candidatos ao cargo de amanuense da Bibliotheca Nacional e do Archivo Nacional e ao de 3º official do Museu Histórico Nacional" (Brasil, 1922c).

Esta mudança foi relatada por Aurelio Lopes de Souza, Diretor interino[21], no relatório anual da Biblioteca Nacional referente ao ano de 1922:

> Foi ainda modificada no novo Regulamento a parte referente ao curso profissional consignado no antigo, que vinha tendo existência desde 1915.
>
> O Regulamento do Museu Histórico Nacional, expedido em 2 de Agosto, creara um *Curso Technico*, que seria commum a esse estabelecimento, á Bibliotheca Nacional e ao Arquivo Nacional,
>
> Para ajusta-se á nova situação substituiu o Regulamento da Bibliotheca, de 6 de setembro, o sobredito curso profissional, denominado de *bibliotheconomia*, pelo instituído no do Museu Histórico. Para esse curso, constituído de oito matérias, contribuiria a Bibliotheca com ensino de quatro, - uma nova e três que faziam parte do antigo (Biblioteca Nacional, 1931c, p. 451-452, grifos do autor).

A matéria nova a que se refere a citação anterior é história literária. A Numismática deixaria de ser ministrada pela Biblioteca Nacional, pois a seção de Moedas e Medalhas tinha sido transferida para o Museu Histórico Nacional. As demais que foram mantidas do curso de Biblioteconomia anterior[22] foram: Bibliografia, Paleografia

21 Manoel Cícero Peregrino da Silva, diretor efetivo, estava afastado desde 17 de dezembro de 1921 até 10 de novembro de 1922, conforme nota anterior, para integrar uma comissão designada pelo Ministério da Justiça e Negócios Interiores, quando "entrou no gozo de uma licença de três meses para tratamento de saude". No entanto, Aurélio Lopes de Souza, permaneceu no cargo até aquele momento em que apresentou o relatório de 1922, em 9 de abril de 1923 (Biblioteca Nacional, 1931c, p. 425).

22 De acordo com o regulamento da Biblioteca Nacional de 1911 (Biblioteca Nacional, 1914), o Curso de Biblioteconomia era formado por apenas quatro matérias: Bibliografia, Paleografia e Diplomática,

(incluindo Epigrafia conforme o novo regulamento) e Iconografia (incluindo a Cartografia) conforme segue:

> Art. 37 - O ensino das materias será dividido entre os estabelecimentos a que é commum o curso technico, cabendo à Bibliotheca Nacional o de historia litteraria, de bibliographia, de paleographia e epigraphia e de iconographia e cartografia (no sentido de estudo, descripção e classificação de cartas geographicas), ao Archivo Nacional o de historia politica e administrativa do Brasil e de cronologia e diplomatica e ao Museu Historico Nacional o de archeologia e historia da arte e de numismatica e sigillographia (Brasil, 1922c).

Considerando que o novo curso profissional é instituído com o novo regulamento da Biblioteca Nacional, em 6 de setembro de 1922 (Brasil, 1922c), Aurelio Lopes de Souza, Diretor interino da Biblioteca Nacional alerta, em seu relatório anual do mesmo ano, para a necessidade de verba para o funcionamento do novo curso e justifica, dessa forma, seu impedimento de tomar as providências para o seu início.

> O Regulamento de 6 de setembro [Decreto 15.670/1922], sujeito em sua organização aos limites da despesa decretada para o anterior, não poude atender, em consequencia, aos reclamos de novas providencias para melhor andamento dos serviços (Biblioteca Nacional, 1931c, p. 452).

Iconografia e Numismática.

No relatório anual de 1923, Mário Behring relata que naquele ano "deixou de se realizar esse curso, nas materias a cargo da Bibliotheca em 1923, apesar de nele se terem se inscripto 14 alumnos" (Biblioteca Nacional, 1931d, p. 465). Constâncio Alves, presente desde a primeira turma do curso da Biblioteca Nacional e Mario Behring, designados para as cadeiras de História Literária e de Paleografia e Epigrafia, respectivamente, justificaram seus impedimentos de ministrar as cadeiras que lhes cabiam alegando «motivos justificados", impedimento previsto no novo regulamento, os quais, infelizmente, não foram descritos no relatório.

> Deixou de se realizar essa curso, nas matérias a cargo da Bibliotheca em 1923, apesar de nelle se terem inscripto 14 alunos. Em Abril foram designados os bibliotecários dr. Constancio Alves e Mario Behring para as cadeiras de história literária e epigraphia e paleografia. Ambos se escusaram de desempenhar as funções lectivas **por motivos justificados**. Por não existir verba no orçamento desta Repartição destinada ao pagamento de professores estranhos ao quadro, por aviso nº 1.179 de junho, após previa consulta a esta directoria, revolveu este Ministério que não houvesse aulas em 1923 (Biblioteca Nacional, 1931d, p. 465-466, grifo nosso).

Para César Augusto Castro (2000, p. 58) estes "motivos justificados" não estavam relacionadas apenas à dupla jornada de trabalho dos bibliotecários que se dividiam entre as responsabilidades das chefias das seções e o ensino no Curso de Biblioteconomia mas, especialmente, devido às suas posições contrárias à criação do "Curso Technico".

No relatório anual referente ao ano de 1923, conforme o trecho citado acima, a questão foi descrita como um problema que não pode ser contornado devido à falta de recursos para contratar professores externos à casa. Dessa forma, coube ao Ministério da Justiça e Negócios Interiores a decisão de que não haveria aulas em 1923.

Em parte, Ribeiro (2014, p. 23-24) reforça este argumento e acrescenta outros a partir da pesquisa de Nazareth (1991) que apontou "a falta de verbas e/ou dificuldades de deslocamento de verbas dentro do Ministério do Interior ao qual estavam os três órgãos subordinados" e "a não aceitação do papel principal dado à Biblioteca Nacional, pelos outros dois órgãos".

É preciso esclarecer que os documentos consultados, muitos de caráter administrativo, não revelaram como surgiu a ideia de criação de um curso novo envolvendo as três instituições de memória. De acordo com Ribeiro (2014, p. 23-24), a pesquisa de Nazareth (1991, p. 31, 37-39, 177) revelou que "a proposta do Curso Técnico foi de autoria do diretor da Biblioteca Nacional em 1922, Manuel Cícero Peregrino, no entanto, [o autor] não apresentou os motivos que levaram a esta afirmação".

Tendo em vista essas lacunas, é imperativo que novas pesquisas documentais sejam empreendidas, especialmente a partir de documentos pessoais de Constâncio Alves e de Mario Behring, de forma que fosse possível responder as questões e hipóteses que emergem naturalmente: a efeméride do centenário da independência, que impulsionou a criação do Museu Histórico Nacional, teria inspirado a criação do novo curso técnico por Manoel Cícero? Ou essa foi uma oportunidade para aumentar o número de alunos no curso envolvendo instituições de memória? Ou ainda teria sido uma questão política de Constâncio Alves e Mario Behring na qual se preferiu amargar a interrupção do curso a ter um curso interinstitucional?

O fato é que o Curso de Biblioteconomia da Biblioteca Nacional foi restabelecido quase uma década depois, por meio do Decreto nº 20.673, de 17 de novembro de 1931, com suas aulas retomadas em 1932 (Brasil, 1931b). Poucas informações estão disponíveis na literatura que possam cobrir plenamente as razões pelas quais o curso foi restabelecido quase dez anos depois[23]. Portanto, novas pesquisas são urgentes para trazer à luz mais dados sobre a interrupção do curso e sua retomada.

O formato do curso resgatava os mesmos moldes da edição de 1915 com algumas modificações: a duração do curso passou de um para dois anos atendendo a uma antiga reivindicação dos bibliotecários-professores; a inclusão de duas disciplinas novas no currículo: História Literária com Aplicação à Bibliografia e Iconografia e Cartografia, além das duas disciplinas que já existiam: Bibliografia e Paleografia e Diplomática. Numismática saiu do currículo pois não havia mais esta seção na Biblioteca Nacional, conforme visto (Brasil, 1931b). Neste mesmo ano de 1932 inicia

---

23 Durante o período em que o curso deixou de funcionar, Mário Behring assumiu o cargo efetivo como Diretor da Biblioteca Nacional entre 1924 a 1932 (Velho Sobrinho, 1940, p. 341-342). Em seguida, Rodolfo Garcia iniciou sua gestão em 1932 (Fundação Biblioteca Nacional, 2022). As datas do decreto que aprova o retorno do curso em 1931 e o seu efetivo início envolve a gestão de ambos, que devem ter muito a dizer sobre a suspensão do curso. O foco de estudo nesse período é fundamental para explicar e descrever tão longa lacuna temporal sem que o curso funcionasse. Desse período, foi encontrado o rascunho de um documento que solicita a remuneração adicional ou gratificação para os professores do Curso de Biblioteconomia da Biblioteca Nacional e do Curso de Museus do Museu Histórico Nacional. O documento traz outras informações importantes: o curso da Biblioteca Nacional teve início em 15 de março de 1932 e o curso do Museu em 4 de maio de 1932 sem interrupções. Infelizmente o documento não foi datado e não há pistas sobre quem o redigiu.. (Rascunho ..., [1932?]).

o Curso de Museus do Museu Histórico Nacional conforme o Decreto nº. 21.129, de 7 de março de 1932 (Brasil, 1932).

No entanto, o curso e a Biblioteca Nacional sofreram duas grandes perdas: a morte de Constâncio Alves em 13 de fevereiro de 1933 e, quatro meses depois, de Mário Behring em 14 de junho. João Carlos de Carvalho, já havia falecido em 1921, antes do novo regulamento vigorar, e João Gomes do Rego se aposentou em 1930, antes de iniciar a nova edição do curso em 1932. Aurélio Lopes de Souza, já aposentado, vem a falecer mais adiante, em 10 de março de 1934. Portanto, uma nova geração de bibliotecários-professores, que foi formada pelo primeiro corpo docente do curso, passou a conduzir o segundo ano da turma, em 1933, coroando a nova fase do Curso da Biblioteca Nacional (Academia Brasileira de Letras, 2016; Academia Maçônica Ribeirão Pretana de Letras, c2020; Biblioteca Nacional, 1931b, p. 249; Fundação Biblioteca Nacional, [2023]; Velho Sobrinho, 1937, 674-675).

Em resumo, Constâncio Alves e Mario Behring ministraram as suas disciplinas no primeiro ano do curso em 1932, Bibliografia e Paleografia e Diplomática, respectivamente. No ano seguinte, as duplas Carlos Mariani e Floriano Bicudo Teixeira e Emanuel Eduardo Gaudie Ley e Luiz Corte Real de Assunção deram continuidade ao segundo ano do curso dividindo as disciplinas de Iconografia e cartografia e de História Literária aplicada à Bibliografia, respectivamente, com o objetivo de encerrar a primeira turma da nova fase. De acordo com Weitzel (2009, p. 74) "Rodolfo Garcia fez publicar portaria elogiando o desempenho dos novos professores". Em 1934, o corpo docente passou a contar com José Bartolo da

Silva e Eugênio Teixeira de Macedo, que se aposentou em 1935[24] (Weitzel, 2009).

Além da reestruturação curricular (1931), e da nova geração de professores-bibliotecários (1933), esta edição do curso é marcada também pelo número expressivo de alunos que se matriculam todos os anos, ao contrário dos primeiros anos iniciais e, especialmente, pela chegada das alunas. Lydia de Queiroz Sambaquy, que se matriculou em 1938 e concluiu o curso em 1940, é um dos grandes exemplos. Na década de 1940, o curso passou a contar com bibliotecárias-professoras como Flora de Araújo, Jorge Whithehurst, Maria Antonieta M. Requião e Nídia Dantas. Estas foram as primeiras professoras que começaram como auxiliares (Weitzel, 2009, p. 80-81). Mais tarde, a própria Lydia Sambaquy passou a dar aulas após a reforma do curso em 1944 (Weitzel, 2009, p. 83; Brasil, 1944).

Portanto, esta nova fase do curso, iniciada em 1932, possivelmente contou com o apoio de Constâncio Alves e Mário Behring. Ao que tudo indica, a dupla não aceitou as condições estabelecidas em 1922 para o curso técnico que sucumbiu no ano seguinte. Por outro lado, a edição do Curso de 1932 prosperou com toda a força e parte desta história está documentada na literatura e nos feitos de bibliotecários e bibliotecárias formados pelos cursos da Biblioteca Nacional, legado que reverbera até os nossos dias.

24 A partir de 1935 as disciplinas passaram a ser ministradas conforme segue: Primeiro ano: Iconografia e Cartografia (Carlos Mariano) e História Literária Aplicada à Bibliografia (Floriano Bicudo Teixeira). Segundo ano: Bibliografia (Emanuel Eduardo Gaudie Ley) e Paleografia e Diplomática (José Bartolo da Silva) (Weitzel, 2009, p. 75).

3 CONSIDERAÇÕES FINAIS

A efeméride do Centenário da Independência do Brasil foi o fio condutor para identificar e descrever fatos e acontecimentos que afetaram a Biblioteca Nacional, sobretudo, estruturalmente, no período entre 1918 e 1923, e para demonstrar a sua relação estreita com o campo da Biblioteconomia brasileira. Em 1922, decisões políticas para a efeméride afetaram a rotina da instituição de forma derradeira com a extinção da seção de Moedas e Medalhas e do Curso de Biblioteconomia da Biblioteca Nacional que orientava práticas biblioteconômicas no país.

Por outro lado, apesar das cobranças em relação à efeméride do centenário da independência, a Biblioteca Nacional manteve seu funcionamento e atividades normais. Até mesmo as comemorações do Centenário de morte de Dante em 1921 não passaram em branco, demonstrando a força das convicções dos bibliotecários em relação ao que se acreditava ser o dever de uma Biblioteca Nacional.

Considerando todos os pontos abordados nesta pesquisa, os objetivos propostos no estudo foram alcançados na medida em que foram evidenciados, por meio dessa narrativa, pelo menos três grandes aspectos que emergiram com o estudo: o contexto que precede a efeméride marcada pelas ausências consecutivas de Manoel Cícero Peregrino da Silva no período entre o final da 1ª guerra mundial e o advento da pandemia da gripe espanhola em 1918, até o momento em que se aposenta em 1924; a saga da publicação da obra "Documentos para a História da Independência" com tratativas que adiam o planejamento e a publicação da obra; e o Novo Regulamento proveniente dos festejos do centenário da independência que trouxe reformas estruturais. Pelo menos dois eventos afetaram fortemente a rotina da Biblioteca Nacional: a criação de uma nova seção (Periódicos) substituindo outra extinta (Moedas e Medalhas), e um novo curso de abordagem interinstitucional substituindo o tradicional curso de Biblioteconomia exclusivo.

Um dos pontos que o estudo traz à tona é, sem dúvida, as entrelinhas, as lacunas de informações sobre diversos aspectos, a exemplo da instituição de um novo curso seguida de sua suspensão bem como as ausências das falas dos bibliotecários da Biblioteca Nacional, que, no dever do cumprimento das tarefas técnico-administrativas, não tiveram voz nos relatórios para revelar suas versões, quais foram suas reações e decisões.

Os "sintomas" são claros e vão desde o atraso na produção da obra comemorativa do centenário a "motivos justificados" para não ministrar aulas no curso técnico recém-criado.

O estudo dos documentos administrativos também evidenciou a veemência de Mario Behring e de Aurélio Lopes de Souza para que as oficinas gráficas fossem extintas devido aos prejuízos para os cofres públicos. Esta questão somada aos afastamentos sucessivos e, depois, a aposentadoria de Manoel Cícero em 1924, bem como a impossibilidade de Constâncio Alves e Mário Behring em ministrar aulas no novo curso, sugerem que havia algum mal-estar na equipe, sem contudo ser possível comprovar. Eis que surgem novas hipóteses a serem exploradas em estudos futuros.

Por fim, o retorno triunfante do tradicional Curso de Biblioteconomia no início da década de 1930. Este, aliás, é outro tema que merece mais atenção. Poucos estudos aprofundam o período entre a suspensão do Curso Técnico e o retorno do Curso de

Biblioteconomia da Biblioteca Nacional durante a pouco estudada gestão de Mario Behring. Os estudos de Nazareth (1991) e Ribeiro (2014) são exceções, embora o foco dos autores seja o Curso de Museus do Museu Histórico Nacional, também criado em 1932.

Como a Biblioteca Nacional protagonizou, desde o século XIX, as primeiras práticas biblioteconômicas exteriorizadas por meio de seu corpo de funcionários e depois com a instituição do curso de Biblioteconomia, é possível entendê-las como práticas biblioteconômicas brasileiras consagradas. São histórias contadas e recontadas que precisam de mais pesquisas e de mais acesso aos acervos de memória tratados (públicos e particulares) para elucidar contextos, fatos e acontecimentos ainda não explorados.

A pesquisa documental é, sem dúvida, um caminho fundamental para identificar as abordagens desconhecidas do campo da Biblioteconomia e, sobretudo, para preencher essas lacunas e levantar novas hipóteses. Da mesma forma, o Bicentenário da Independência do Brasil, foi com certeza, uma boa oportunidade para fomentar estudos como esse.

REFERÊNCIAS

ACADEMIA BRASILEIRA DE LETRAS. **Constâncio Alves**: biografia. 2016. Disponível em: https://www.academia.org.br/academicos/constancio-alves/biografia. Acesso em: 24 out. 2023.

ACADEMIA MAÇÔNICA RIBEIRÃO PRETANA DE LETRAS. Mario Marinho de Carvalho Behring: soberano protetor do REAA. [Ribeirão Preto], c2020. Disponível em: https://academiamaconicarpdeletras.com.br/?page_id=342. Acesso em: 24 out. 2023.

ALMEIDA, Thais Helena. **Conservadores, restauradores e cientistas na preservação do acervo da Biblioteca Nacional**: de 1880 a 1980. Rio de Janeiro: Biblioteca Nacional, 2021. Disponível em: https://antigo.bn.gov.br/sites/default/files/documentos/miscelanea/2021/rag5_final.digital-compactado-7825.pdf. Acesso em: 24 out. 2023.

ALVES, Constâncio. [**Anotações a respeito do funcionamento da Biblioteca Nacional e das atribuições necessárias ao profissional bibliotecário**]. [Rio de Janeiro: s.n., 1932?]. 1 doc. (10 p.). Localização: Manuscritos - 72,03,042.

ARQUIVO GERAL DA CIDADE DO RIO DE JANEIRO. **Administração pública municipal:** a estrutura e os titulares da Comissão de Intendência à Prefeitura do Rio (1889-2012). Rio de Janeiro: Prefeitura do Rio de Janeiro, 2014. v. 1. Disponível em: https://www.rio.rj.gov.br/dlstatic/10112/4204430/4344106/AdministracaoPublicaMunicipal.AestruturaeostitularesDaComissaodeIntendenciaaPrefeituradoRio18892012..pdf.

ARQUIVO NACIONAL. A exposição de 1922: memória e civilização. *In*: ____. **O Rio do Morro ao Mar**: exposições virtuais. Rio de Janeiro, [2012?]. disponível em: https://exposicoesvirtuais.an.gov.br/index.php/galerias/87-exposicoes/o-rio-do-morro-ao-mar/saiba-mais/225-a-exposicao-de-1922-memoria-e-civilizacao.html#:~:text=Em%207%20de%20setembro%20de,das%20maiores%20autoridades%20do%20pa%C3%ADs. Acesso em: 20 fev. 2024.

ASCOLI, Nestor. **Projecto de commemoração do primeiro centenário da independencia do Brasil**. Rio de Janeiro: Ed. Lux, 1924. 94 p. Localização: Obras Gerais - I-355,5,13.

BIBLIOTECA NACIONAL (Brasil). [**Álbum da construção da Biblioteca Nacional na Avenida Rio Branco**]. Rio de Janeiro, RJ: [s.n.], 1909. 44 fotos, gelatina, pb, 25,4 x 37. Disponível em: http://objdigital.bn.br/objdigital2/acervo_digital/div_iconografia/icon326081/icon326081.pdf. Acesso em: 3 Oct. 2024.

BIBLIOTECA NACIONAL (BRASIL). A Bibliotheca Nacional em 1903: Relatório. **Anais da Biblioteca Nacional**, Rio de Janeiro, v. 26,1905. Disponível em: https://memoria.bn.gov.br/DocReader/docreader.aspx?bib=402630&pesq=&pagfis=30203. Acesso em: 25 maio 2025.

BIBLIOTECA NACIONAL (Brasil). A Bibliotheca Nacional em 1911: relatório. **Annaes da Bibliotheca Nacional do Rio de Janeiro**, Rio de Janeiro, v. 34, 1914.

BIBLIOTECA NACIONAL (Brasil). A Bibliotheca Nacional em 1918: relatório. **Annaes da Bibliotheca Nacional do Rio de Janeiro**, Rio de Janeiro, v.41/42, 1925a. Disponível em: https://memoria.bn.gov.br/DocReader/docreader.aspx?bib=402630&pesq=1919&pagfis=19753. Acesso em: 12 out. 2023.

BIBLIOTECA NACIONAL (Brasil). A Bibliotheca Nacional em 1919: relatório. **Annaes da Bibliotheca Nacional do Rio de Janeiro**, Rio de Janeiro, v.41/42, 1925b.

BIBLIOTECA NACIONAL (BRASIL). A Bibliotheca Nacional em 1920: relatório. **Anais da Bibliotheca Nacional do Rio de Janeiro**, Rio de Janeiro, v. 43/44, 1931a

BIBLIOTECA NACIONAL (BRASIL). A Bibliotheca Nacional em 1921: relatório. **Anais da Bibliotheca Nacional do Rio de Janeiro**, Rio de Janeiro, v. 43/44, 1931b

BIBLIOTECA NACIONAL (BRASIL). A Bibliotheca Nacional em 1922: relatório. **Anais da Bibliotheca Nacional do Rio de Janeiro**, Rio de Janeiro, v. 45, 1931c.

BIBLIOTECA NACIONAL (BRASIL). A Bibliotheca Nacional em 1923: relatório. **Anais da Bibliotheca Nacional do Rio de Janeiro**, Rio de Janeiro, v. 45, 1931d.

BIBLIOTECA NACIONAL (BRASIL). **Catálogo da Exposição biblio-Iconographica organisada pela Biblioteca Nacional do Rio de Janeiro e Commemorativa do sexto centenário de Dante**. Rio de Janeiro: Officinas Graphicas da Bibliotheca Nacional,1925c. Livros Raros - 012B,003,038, ex.1.

BIBLIOTECA NACIONAL. **Catálogo da exposição de história do Brasil**. Brasília: Ed. Universidade de Brasília, c1981. 3 v. (Coleção Temas Brasileiros, 10).

BIBLIOTECA NACIONAL (Brasil). **Documentos para a história da independência**. Rio de Janeiro: Officinas Graphicas da Bibliotheca Nacional, 1923. 503p., 27 cm. Disponível em: http://objdigital.bn.br/objdigital2/acervo_digital/div_obrasgerais/drg1317680/drg1317680.pdf. Acesso em: 15 jan. 2024. Localização: Obras Gerais: V-471,4,6 ou Iconografia - Arm.39.1.9. Nota geral: O vol. I foi o único a ser publicado.

BIBLIOTECA NACIONAL (BRASIL). **Guia da Biblioteca Nacional**: sesquicentenário - 1810-1960. Rio de Janeiro : A Biblioteca, 1960. Disponível em: http://objdigital.bn.br/acervo_digital/div_obrasgerais/drg621953.pdf. Acesso em: 12 jul. 2023.

BIBLIOTECA NACIONAL (BRASIL). Relatório do Director - 1902. **Anais da Biblioteca Nacional**, Rio de Janeiro, v. 25, 1904. Disponível em: https://memoria.bn.gov.br/DocReader/docreader.aspx?bib=402630&pesq=&pagfis=29839. Acesso em: 25 maio 2025.

BRASIL. Decreto nº 8.835, de 11 de julho de 1911. Approva o regulamento da Bibliotheca Nacional. **Diário Oficial da União**: Seção 1, Rio de Janeiro, p. 8748, 16 jul. 1911. Disponível em: https://legis.senado.leg.br/norma/414741/publicacao/15625919. Acesso em: 11 jul. 2022.

BRASIL. Decreto nº 4.175, de 11 de novembro de 1920. Autoriza o Poder Executivo a promover, conforme melhor convier aos interesses nacionaes, a commemoração do Centenario da Independencia Politica do Brasil. **Diário Oficial da União**, Seção 1, p. 18883, 17 nov. 1920. Disponível em: https://

www2.camara.leg.br/legin/fed/decret/1920-1929/decreto-4175-11-novembro-1920-571656-publicacaooriginal-94800-pl.html. Acesso em: 16 nov. 2022.

BRASIL. Decreto nº 15.066, de 24 out. 1921. Dá execução ao Decreto Legislativo n. 4.175, de 11 de novembro de 1920. **Coleção de Leis do Brasil**: 1921. [S.l.], v. 5, p. 395. Disponível em: https://www2.camara.leg.br/legin/fed/decret/1920-1929/decreto-15066-24-outubro-1921-516267-publicacaooriginal-1-pe.html. Acesso em: 16 nov. 2022.

BRASIL. Decreto nº 15.581, de 26 de Julho de 1922. Estabelece que as providencias para a execução do programma da commemoração do Centenario da Independencia Politica do Brasil caberão a um commissario geral. **Diário Oficial da União**, Seção 1, p. 14455, 29 jul. 1922a. Disponível em: https://www2.camara.leg.br/legin/fed/decret/1920-1929/decreto-15581-26-julho-1922-519860-publicacaooriginal-1-pe.html. Acesso em: 16 nov. 2022.

BRASIL. Decreto n.º 15.596, de 2 de agosto de 1922. Crêa o Museu Histórico Nacional e a pprova o seu regulamento. **Diário Oficial da União**: Seção 1, p. 16081, 16 ago. 1922b. Disponível em: https://www2.camara.leg.br/legin/fed/decret/1920-1929/decreto-15596-2-agosto-1922-568204-publicacaooriginal-91597-pe.html. Acesso em: 12 jul. 2023.

BRASIL. Decreto nº 15.670, de 6 de Setembro de 1922. Approva o regulamento para a Bibliotheca Nacional. **Diário Oficial da União**: Seção 1, Rio de Janeiro, p. 17680, 15 set. 1922c. Disponível em: https://www2.camara.leg.br/legin/fed/decret/1920-1929/decreto-15670-6-setembro-1922-517434-republicacao-91890-pe.html. Acesso em: 12 jul. 2023.

BRASIL. Decreto nº 20.629, de 9 de novembro de 1931. Extingue as oficinas graficas e de encadernação da Biblioteca Nacional. **Diário Oficial da União**, Seção 1, p. 17881, 12 de novembro de 1931a. Disponível em: https://www2.camara.leg.br/legin/fed/decret/1930-1939/decreto-20629-9-novembro-1931-515802-publicacaooriginal-1-pe.html. Acesso em: 23 out. 2023.

BRASIL. Decreto nº 20.637, de 17 de novembro de 1931. Restabelece, na Biblioteca Nacional, o curso de biblioteconomia e dá outras providências. **Diário Oficial da União,** Seção 1, p. 18475, 20 nov. 1931b. Disponível em: https://www2.camara.leg.br/legin/fed/decret/1930-1939/decreto-20673-17-novembro-1931-517368-publicacaooriginal-1-pe.html. Acesso em: 16 nov. 2023.

BRASIL. Decreto nº. 21.129, de 7 de março de 1932. Cria no Museu Histórico Nacional o "Curso de Museus". **Diário Oficial da União**, Seção 1, p. 4414, 11 mar. 1932. Disponível em: https://www2.camara.leg.br/legin/fed/decret/1930-1939/decreto-21129-7-marco-1932-502948-publicacaooriginal-1-pe.html#:~:text=Cria%20no%20Museu%20Hist%C3%B3rico%20Nacional,1%C2%BA%20do%20decreto%20n. Acesso em: 7 set. 2023.

BRASIL. Decreto nº 2.302, de 13 de junho de 1940. Extingue um cargo de relator de Documentos Parlamentares e Anais do Quadro único da Secretaria da Câmara dos Deputados. **Coleção de Leis do Brasil,** 31 dez.1940. v. 3, p. 326, col. 1. Disponível em: https://legis.senado.leg.br/norma/527216/publicacao/15709836. Acesso em: 24 out. 2023.

BRASIL. Decreto nº. 15.395, de 27 de abril de 1944. Aprova o Regulamento dos Cursos da Biblioteca Nacional. **Diário Oficial da União,** Seção 1, p. 7772, 2 maio 1944. Disponível em: https://www2.camara.leg.br/legin/fed/decret/1940-1949/decreto-15395-27-abril-1944-327098-norma-pe.html. Acesso em: 23 de abr. 2023.

BRASIL. Ministério da Justiça e Negócios Interiores. **Centenario da Independencia**: 1822-1922: programma de commemoração e regulamento geral da exposição. Rio de Janeiro: [Of. Graf. do Jornal do Brasil, 1921]. 32 p. Localização: Livros Raros - 099C,005,005.

CASTRO, César Augusto. **História da biblioteconomia brasileira**. Brasília, DF: Thesaurus, 2000.

FABRICA DE POLVORA SEM FUMAÇA PIQUETE. [**Album em] commemoração do 1° centenário da independencia do Brasil, 1822, 7 de setembro, 1922**: Exposição Internacional do Rio de Janeiro. [Rio de Janeiro: Casa Leuzinger, 1922]. 1 v., il., monocr., 24 x 31 cm. Localização: Iconografia - 128.5.33

FERREIRA, Raquel. **Periódicos BN 100 anos**: centenário da criação do acervo de periódicos na Fundação Biblioteca Nacional (1922-2022). Rio de Janeiro: Fundação Biblioteca Nacional, 2022. Disponível em: https://bndigital.bn.gov.br/artigos/periodicos-bn-100-anos-centenario-da-criacao-do-acervo-de-periodicos-na-fundacao-biblioteca-nacional-1922-2022/. Acesso em: 12 jul. 2023.

FUNDAÇÃO BIBLIOTECA NACIONAL. **Histórico**: 1921-1940. Rio de Janeiro, 2022. Disponível em: https://www.gov.br/bn/pt-br/acesso-a-informacao-2/institucional/sobre-a-fbn/historico/1921-1940. Acesso em: 24 out. 2023.

FUNDAÇÃO BIBLIOTECA NACIONAL. Manoel Cícero Peregrino da Silva. *In*: _______. **200 anos**: Biblioteca Nacional. Rio de Janeiro, c2010. Disponível em: https://bndigital.bn.gov.br/projetos/200anos/manuelCicero.html. Acesso em: 21 jul. 2023.

FUNDAÇÃO BIBLIOTECA NACIONAL. Coordenação de Publicações Seriadas. **Dossiê de publicações seriadas:** história, memória, e documentos. [2023]. Disponível em: https://bndigital.bn.gov.br/dossies/coordenacao-de-publicacoes-seriadas/chefes-da-unidade-biografias/1922-1927-joao-gomes-do-rego/#:~:text=Aposentou%2Dse%20em%20 1930.&text=Auxiliar%20da%20Biblioteca%20Nacional%20desde,e%20 nomeado%20amanuense%20em%201910. Acesso em: 20 fev. 2024.

GABLER, Louise. Comissão Executiva de Comemoração do Centenário da Independência. In: CABRAL, Dilma; CAMARGO, Angélica Ricci. **Dicionário da Administração Pública Brasileira da Primeira República**. Rio de Janeiro: Arquivo Nacional, 2022. Disponível em: https://

mapa.an.gov.br/index.php/dicionario-primeira-republica/1012-comissao-executiva-de-comemoracao-do-centenario-da-independencia. Acesso em: 20 fev. 2022.

GRANCHI, Giulia. A história do marcante Carnaval de 1919, o primeiro após a pandemia da gripe espanhola. **BBC News Brasil**, 22 abr. 2022. Disponível em: https://www.bbc.com/portuguese/brasil-61195179. Acesso em: 24 out. 2022.

JUVÊNCIO, Carlos Henrique; RODRIGUES, Georgete Medleg. Manuel Cícero Peregrino da Silva na Biblioteca Nacional: engajamento aos ideais de Otlet e la Fontaine e à documentação. **Tendências da Pesquisa Brasileira em Ciência da Informação**, v. 10, n. 2, ago./dez. 2017.

MORAES, Roque; GALIAZZI, Maria do Carmo. **Análise Textual Discursiva**. 3 ed. rev. e ampl. Ijuí: UNIJUÍ, 2020.

MUSEU HISTÓRICO NACIONAL. O museu. Rio de Janeiro, [2025?]. Disponível em: https://mhn.museus.gov.br/index.php/o-museu/. Acesso em: 20 fev. 2025.

NAZARETH, Gilson do Coutto. **Fundamentos epistemológicos da Museologia: uma proposta ao problema curricular**. Dissertação (Mestrado em Educação) – Fundação Getúlio Vargas, Rio de Janeiro, 1991. Disponível em: https://repositorio.fgv.br/items/727a807f-f0b5-461a-981a-435d84de664e. Acesso em: 16 nov. 2024.

NEUFELD, Paulo Murillo. Memória médica: a Gripe Espanhola de 1918. **Revista Brasileira de Análises Clínicas**, v. 52, n.3, p. 213-217, 2020. Disponível em: http://www.rbac.org.br/artigos/memoria-medica-gripe-espanhola-de-1918/. Acesso em: 24 out. 2022.

PARA auxiliar o serviço medico escolar. **Correio da Manhã**, Rio de Janeiro, n.7173, 17 out. 1918, p. 3.

PROPOSTAS apresentadas em conselho na Biblioteca Nacional, para a comemoração do centenário da Independência. Rio de Janeiro: [s.n.], 19/08/1919. 5 p., Orig. Local de guarda: Manuscritos - II-31,33,020.

RASCUNHO de solicitação de remuneração adicional aos chefes de Seção da Biblioteca Nacional, requisitados a também assumirem cargo de professores do Curso de Biblioteconomia. [Rio de Janeiro]: [s.n.], [1932?]. 1 doc. (3 p.). Localização: Manuscritos - 72,04,002

RIO DE JANEIRO (Município). Secretaria Municipal de Cultura. Museu Histórico Nacional. In: ______. **Experimente Cultura**. Rio de Janeiro, [2025?]. Disponível em: https://www.experimentecultura.com.br/en/museus/museu-hist%C3%B3rico-nacional. Acesso em: 20 fev. 2025.

RIBEIRO, Henrique de Vasconcelos Cruz. **Um capítulo na história da Museologia no Brasil**: um olhar sobre o surgimento do Curso de Museus do Museu Histórico Nacional (1922-1935). Dissertação (Mestrado em Museologia e Patrimônio) – Programa de Pós Graduação em Museologia e Patrimônio, UNIRIO/MAST, 2014. Disponível em: https://www.unirio.br/ppg-pmus/henrique_de_vasconcelos_cruz_ribeiro.pdf. Acesso em: 24 out. 2023.

SANTOS, Ademir Valdir. Escolas como postos de socorros: instituições escolares na epidemia de gripe espanhola no Rio de Janeiro (1918). **Revista Brasileira de Históri**a, São Paulo, v. 41, n. 87, 2021. Disponível em: http://dx.doi.org/10.1590/1806-93472021v42n87-14. Acesso em: 24 ago. 2023.

VELHO SOBRINHO, J. F. **Dicionário bio-bibliográfico brasileiro**. Rio de Janeiro: [Irmãos Pongetti], 1937-1940. 2 v. Localização: Manuscritos: 01

WEITZEL, S. R. **Origem e Fundamentos do ensino do Desenvolvimento de Coleções no Brasil**: A partir da 1ª. Fase do Curso de Biblioteconomia da Biblioteca Nacional. Rio de Janeiro, 2009. Disponível em: http://eprints.rclis.org/46966/. Acesso em: 12 jul. 2025.

YGOR, José. SILVA, Manoel Cícero Peregrino da: Diretor Geral de Instrução Pública Municipal / Prefeito interino do Distrito Federal. *In*: ARQUIVO GERAL DA CIDADE DO RIO DE JANEIRO. **Dicionário biográfico da administração pública municipal**. Rio de Janeiro: Prefeitura da Cidade do Rio de Janeiro, 2020. Disponível em: http://expagcrj.rio.rj.gov.br/silva-manoel-cicero-peregrino-da/. Acesso em: 24 ago. 2023.

A Biblioteca Nacional no Sesquicentenário da Independência do Brasil

Alessandra dos Santos Guedes[1]

Simone da Rocha Weitzel[2]

Resumo

O estudo analisou a contribuição da Biblioteca Nacional nas celebrações do Sesquicentenário da Independência do Brasil em 1972, destacando marcos importantes da Biblioteconomia nesse contexto histórico. A metodologia teve uma abordagem qualitativa baseada na pesquisa bibliográfica e documental e a Análise Textual Discursiva (ATD) para unitarizar, categorizar e interpretar dados dos textos selecionados que formaram um *corpus*. São documentos oficiais oriundos do acervo da Biblioteca Nacional entre outras fontes externas, especialmente matérias de jornal e obras audiovisuais que enriqueceram a narrativa metatextual construída apresentada neste capítulo. Os principais temas levantados foram: a Exposição Histórica "Memória da Independência", organizada em parceria com a Biblioteca Nacional; outras exposições simultâneas promovidas pela instituição; e o protagonismo de Jannice Monte-Mor na gestão da Biblioteca Nacional durante as comemorações do Sesquicentenário. O estudo evidenciou como a Biblioteca Nacional desempenhou papel central, não apenas como guardiã do acervo histórico, mas também como agente ativo na promoção da memória e da identidade cultural do Brasil.

---

1 Bolsista voluntária de iniciação científica da UNIRIO do projeto Memórias da Biblioteconomia nos 200 anos da Independência no período de 2023 a 2024 orientado por Weitzel (2021). Graduanda do Curso de Bacharelado de Biblioteconomia da UNIRIO e Bolsista de Iniciação Científica voluntária da UNIRIO. ID Lattes: http://lattes.cnpq.br/4640578988096860.

2 Professora Titular e Docente do Programa da Pós-Graduação em Biblioteconomia da UNIRIO (PROPAP). ID Lattes: https://lattes.cnpq.br/9686940788640111. ORCID: https://orcid.org/0000-0002-6498-9861.

Essas iniciativas reforçaram a relevância da Biblioteconomia no campo histórico e cultural, consolidando a instituição como protagonista do campo da Biblioteconomia, assim como na valorização do patrimônio nacional.

Palavras-chave: 1. História da Biblioteconomia; 2. Sesquicentenário da Independência do Brasil.

Abstract

The study analyzed the contribution of the National Library to the celebrations of the Sesquicentenary of Brazilian Independence in 1972, highlighting important milestones for Librarianship in this historical context. The methodology took a qualitative approach based on bibliographical and documentary research and Textual Discourse Analysis (TDA) to unify, categorize and interpret data from the selected texts that formed a corpus. These are official documents from the National Library's collection, among other external sources, especially newspaper articles and audiovisual works that have enriched the constructed metatextual narrative presented in this chapter. The main themes raised were: the Historical Exhibition "Memory of Independence", organized in partnership with the National Library; other simultaneous exhibitions promoted by the institution; and Jannice Monte-Mor's leading role in the management of the National Library during the Sesquicentennial celebrations. The study showed how the National Library played a central role, not only as the guardian of the historical collection, but also as an active agent in promoting Brazil's memory and cultural identity. These initiatives reinforced the relevance of librarianship in the historical and cultural field, consolidating the institution as a protagonist in the field of librarianship, as well as in the valorization of national heritage.

Keywords: History of Library Science; 2. Sesquicentenary of Brazilian Independence.

1 INTRODUÇÃO

A proposta deste estudo teve como ponto de partida observar a contribuição da Biblioteca Nacional (Brasil) nas comemorações da efeméride do Sesquicentenário da Independência celebrado em 1972 para, dessa forma, levantar nesse processo alguns fatos marcantes da história do campo da Biblioteconomia ao longo deste período.

A metodologia adotada é de natureza qualitativa baseada em pesquisa bibliográfica e documental. A análise textual discursiva (ATD) foi adotada para unitarizar e categorizar os trechos dos textos selecionados que formaram um *corpus*. Em seguida, os trechos e categorias foram agrupados para descrever e interpretar os dados e resultados nos termos definidos por Moraes e Galiazzi (2020) sobre o método resultando em uma narrativa denominada de metatexto.

O *corpus* foi formado principalmente por documentos oficiais provenientes do acervo da Biblioteca Nacional, mas também há outras fontes externas, conforme consta na lista completa dos documentos nas referências. Dentre os destaques estão os documentos da Biblioteca Nacional (1972a, 1972b, 1972c, 1972d, [2022a?]), o Ofício nº 237 de 23/02/1972 que está contido no Processo nº 81 A/72 (Corrêa, 1972) e Bettamio ([c2010]). Outras fontes especiais merecem destaque tais como as duas matérias do Jornal do Brasil (Exposição de documentos ...,1972; MNBA transfere ..., 1972); um filme encontrado no canal do Youtube sobre a exposição do Sesquicentenário realizado no Museu Nacional de Belas Artes (Brasil, 1972) e a referência à canção interpretada por Angela Maria especialmente para o Sesquicentenário da Independência[3] (Marcha ..., 1972).

Os principais temas identificados no *corpus* por meio do processo de unitarização e de categorização estão descritos em detalhes nas seções correspondentes a seguir: a) A Exposição Histórica "Memória da Independência" comemorativa do Sesquicentenário da Independência, realizada em 1972, que contou com a parceria da Biblioteca Nacional; b) as demais exposições concomitantes àquela realizadas pela própria Biblioteca Nacional na ocasião da efeméride em 1972; c) os destaques do protagonismo da gestão da Biblioteca Nacional por Jannice Monte-Mor durante a efeméride.

Esses três temas convergem nos resultados do estudo os quais foram estruturados em forma de narrativa, tal como proposto pelo método ATD, conforme segue.

2 A BIBLIOTECA NACIONAL NA EXPOSIÇÃO "MEMÓRIA DA INDEPENDÊNCIA"

A exposição histórica "Memória da Independência", comemorativa do sesquicentenário da independência, foi organizada pelo Ministério da Educação e Cultura (MEC) sob a coordenação

3 O "Hino do Sesquicentenário da Independência" foi "composto por Miguel Gustavo e interpretada pela 'rainha do rádio' Ângela Maria [...]. Como todo hino, a composição musical ressalta a Independência por meio de uma linguagem épica interpretada de forma efusiva por Ângela Maria" (Martins, 2022, p. 139). O Hino pode ser ouvido neste link: https://www.ouvirmusica.com.br/angela-maria/hino-do-sesquicentenario-da-independencia.

do Departamento de Assuntos Culturais (DAC) e do Instituto do Patrimônio Histórico e Artístico Nacional (IPHAN), e pelo Instituto Histórico e Geográfico Brasileiro (IHGB). O Museu Nacional de Belas Artes (MNBA), que sediou a exposição, e a Biblioteca Nacional, foram alguns dos participantes oficiais, segundo texto da bibliotecária Lygia Cunha (1972, p. 565-568).

O processo nº 81A/1972, com 58 páginas (Biblioteca Nacional, 1972d), traz diversos documentos que tratam da participação da Biblioteca Nacional na efeméride do Sesquicentenário especialmente a sua relação direta com a Comissão Executiva Central do Sesquicentenário da Independência, conforme relatou Jannice Monte-Mor no memorando GD/BN-Nº 30/79 de 7 de março de 1979 (Monte-Mor, 1979).

Um dos primeiros documentos desse processo, refere-se à solicitação feita pela Comissão Executiva Central do Sesquicentenário da Independência à Biblioteca Nacional em ofício nº 237 - CEC, de 23 de fevereiro de 1972 (Corrêa, 1972). Na verdade, trata-se de uma determinação para que a Biblioteca fornecesse "cópias de todo e quaisquer documentos - manuscritos ou impressos" que Pedro Calmon, Diretor do IHGB, achasse apropriado para organizar uma coleção intitulada "Biblioteca do Sesquicentenário" a ser editada em vários volumes (Biblioteca Nacional, 1972d, f. 22).

> Ilma Sra.
> Jannice de Mello Monte-Mor
> Diretor da Biblioteca Nacional
>
> Para o cumprimento das altas funções com que fui honrado por Sua Excelência o Sr Presidente da

República, o eminente Gen Emílio Garrastazu Médici, através do Decreto de 21 de janeiro de 1972, solicito a V Sa forneça, à requisição do Exmo Sr Dr Pedro Calmon, ilustre presidente do Instituto Histórico e Geográfico Brasileiro, com prioridade, cópias de todo e quaisquer documentos - manuscritos ou impressos - por ele julgados necessários à elaboração dos trabalhos a cargo do Instituto, para a Biblioteca do Sesquicentenário que está sendo organizada em convênio com a Comissão Executiva Central.

Outrossim, solicito a V Sa sejam facilitados os trabalhos de pesquisa das pessoas incumbidas pelo Sr Presidente do Instituto Histórico, para o preparo das edições das obras da referida Biblioteca.

O atendimento do presente é relevante serviço prestado por V Sa ao Sesquicentenário da Independência da Pátria.

Aproveito a oportunidade para apresentar a V Sa os protestos de minha estima e consideração.

Gen. Div. ANTONIO JORGE CORRÊA
Presidente da Comissão Executiva Central

Neste mesmo processo de nº 81A/1972 há o relato de Lygia Cunha, Chefe da Seção de Iconografia da Biblioteca Nacional, em documento datado de 16 de março de 1972, sobre a solicitação de cópias de jornais para estudo preliminar a ser apresentado por Marcelo Ipanema do IHGB para a viabilidade de uma edição fac similar dos jornais da época da independência a ser organizada pela Comissão Executiva Central do Sesquicentenário da Independência e pelo IHGB. Lygia Cunha enfatiza suas preocupações sobre os procedimentos necessários para realizar essas tarefas e recomenda que todo o trabalho, desde as cópias para o estudo preliminar até a parte gráfica e de impressão, fosse realizado no próprio IHGB devido a sua capacidade de trabalho e de máquinas apropriadas, que não era o caso da Biblioteca Nacional. Sobrecarregada com suas próprias demandas, a Biblioteca Nacional precisaria de mais prazo para executar as atividades propostas, o que poderia causar algum atraso. Diante desse quadro bastante realista, Lygia Cunha recomendou o empréstimo das obras originais ao IHGB e alertou para a necessidade de desmembrar os volumes encadernados de jornais para garantir a reprodução de boa qualidade e, também, de sua re-encadernação ao devolvê-los à Biblioteca Nacional. Lygia Cunha recomenda que: "Cabe apenas frisar que o empréstimo, caso viesse a ser autorizado pela Sra. Diretora, teria que ser programada em etapas sucessivas, ressalvadas as ponderações da Chefe da Seção de Livros Raros, em relação às peças em mau estado ou outras razões". Finaliza seu relato destacando o empenho e o interesse da Biblioteca Nacional em colaborar de forma eficiente para apoiar a efeméride (Biblioteca Nacional, 1972d, f. 3-4).

De fato, a coleção de jornais raros da Biblioteca Nacional é uma coleção de referência histórica para o país. Em suplemento do Jornal do Brasil dedicado à D. Pedro I, o historiador José Honório Rodrigues (1972) deu um destaque especial às fontes nacionais sobre a Independência do país dentre as quais a obra "Documentos para a História da Independência" (Biblioteca Nacional, 1923) já citada no capítulo 6 e os jornais da época que tiveram um papel de relevância no processo da Independência:

> A Biblioteca Nacional possui a coleção completa ou quase completa dos jornais destes anos decisivos, quando o jornalismo foi um agente poderoso da revolução da Independência. Em 1820 havia apenas um jornal, em 1821, com a liberdade de imprensa, provocada pela rebelião portuguesa, havia 11 e 17 em 1822, somente no Rio de Janeiro. [...] Foi no **Revérbero Constitucional Fluminense** que Joaquim Gonçalves Ledo publicou seu famoso artigo de 30 de abril de 1822 conclamando o Príncipe a promover desde logo a Independência do Brasil: "Não desprezes a glória [...] de um novo Império", dizia o artigo [...]. Para nossa sorte, e sorte do Brasil, este patrimônio, separado até 1840, na Seção de Livros Raros da Biblioteca Nacional está em bom estado (Rodrigues, 1972, grifo do autor).

Também no processo nº 81A/1972, foi possível observar que, além de cumprir a requisição solicitada no ofício do Presidente da Comissão Executiva Central, a Biblioteca Nacional também teve uma participação de relevância na exposição comemorativa do Sesquicentenário da Independência. Algumas obras de seu acervo foram escolhidas especialmente para fazer parte da exposição oficial do Sesquicentenário do governo brasileiro que foi sediada pelo Museu Nacional de Belas Artes, prédio que fica na quadra vizinha ao prédio da Biblioteca Nacional na Avenida Rio Branco. As obras emprestadas estão listadas neste processo que contém várias informações sobre o fluxo de trabalho desde o seu início com a escolha das obras, considerando seu estado de conservação, sua transferência para o espaço da exposição no Museu Nacional de Belas Artes e o seu retorno à Biblioteca Nacional com a devolução das obras (Biblioteca Nacional, 1972d). De acordo com a lista, as obras escolhidas são variadas e vão desde livros e manuscritos à gravuras.

Chama a atenção que obras do acervo da Biblioteca Nacional tenham saído da sede, especialmente para a efeméride, exigindo, certamente, o controle e segurança em relação à extravios, furto ou roubo e danos materiais, conforme a preocupação relatada acima pela bibliotecária Lygia Cunha do Setor de Iconografia.

Na imagem abaixo, há sinalizações circulares na lista das obras do setor de iconografia que não fizeram parte da exposição em função de seu mau estado de conservação, bem como de anotações sobre o recebimento das obras em dois de outubro de 1972, provavelmente pelo Museu Nacional de Belas Artes uma vez que a exposição ocorreu em 19 de novembro de 1972, conforme será visto mais adiante..

Figura 1 - Lista das obras do setor de iconografia

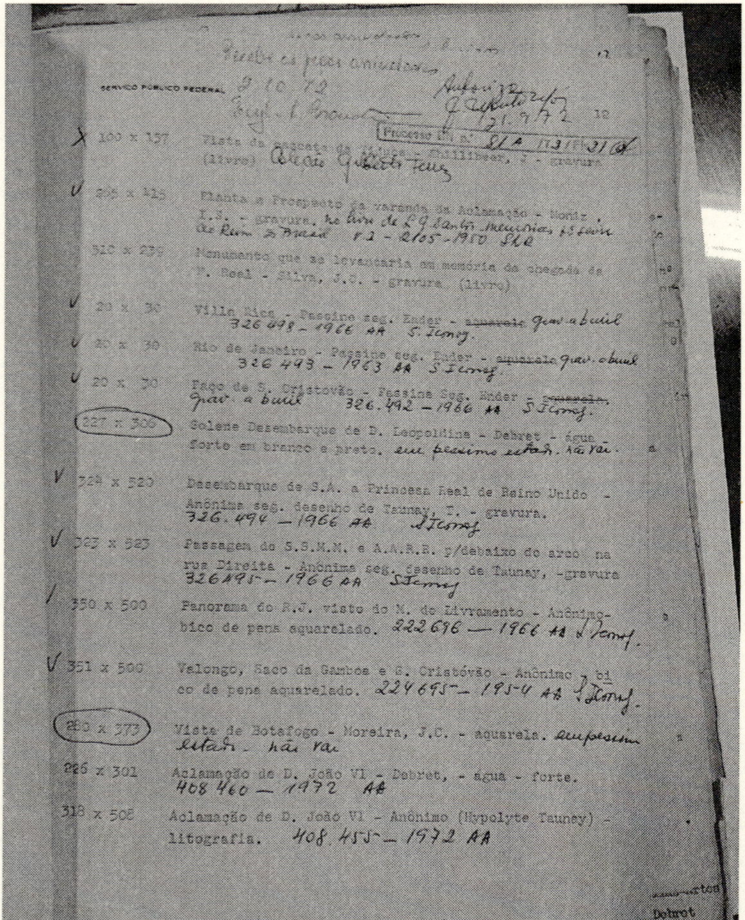

100 x 137 Vista da ... (livro)

265 x 415 Planta e Prospecto da varanda da Aclamação - Moniz, I.S. - gravura.

310 x 239 Monumento que se levantaria em memória da chegada de P. Real - Silva, J.S. - gravura. (livro)

20 x 30 Villa Rica - Passino seg. Ender - aquarela

20 x 30 Rio de Janeiro - Passino seg. Ender - aquarela

20 x 30 Paço de S. Cristovão - Passine Seg. Ender - aquarela

227 x 306 Solene Desembarque de D. Leopoldina - Debret - água forte em branco e preto.

324 x 520 Desembarque de S.A. a Princesa Real de Reino Unido - Anônima seg. desenho de Taunay, T. - gravura.

323 x 523 Passagem de S.S.M.M. e A.A.R.R. p/debaixo do arco na rua Direita - Anônima seg. desenho de Taunay, -gravura

350 x 500 Panorama do R.J. visto do M. do Livramento - Anônimo- bico de pena aquarelado.

351 x 500 Velongo, Saco da Gamboa e S. Cristóvão - Anônimo - bico de pena aquarelado.

280 x 373 Vista de Botafogo - Moreira, J.C. - aquarela.

226 x 301 Aclamação de D. João VI - Debret, - água - forte.

318 x 508 Aclamação de D. João VI - Anônimo (Hypolyte Taunay) - litografia.

Fonte: Acervo da Fundação Biblioteca Nacional (Biblioteca Nacional, 1972d).

Neste outro documento, ofício nº 2.128 de quatro de setembro de 1972, Renato Soeiro, Diretor do Departamento de

Assuntos Culturais do MEC, informa que a exposição foi marcada para começar no próximo dia 12 de outubro, dia e mês da aclamação de D. Pedro I, e terminará no dia 31 de janeiro de 1973, quando as obras da Biblioteca Nacional serão devolvidas. Soeiro dá mais detalhes sobre o transporte dessas obras da Biblioteca Nacional para o local da exposição pela transportadora FINK S.A.:

> Comunico a V. Sa que autorizei, de acordo com entendimentos anteriormente mantidos, a Transportes "Fink" S. A. a efetuar o transporte das peças relacionadas em anexo, de prioridade dessa entidade, para o local da mostra.
>
> O início da exposição está marcado para o dia 12 de outubro, data da Aclamação de D. Pedro I como Imperador do Brasil e deverá estender-se até 31 de janeiro de 1973, ocasião em que se procederá a devolução das peças requisitadas (Biblioteca Nacional, 1972d).

O teor principal deste Ofício, que encabeça o primeiro parágrafo, é o agradecimento formal em nome do DAC e do IPHAN ao Diretor da Biblioteca Nacional, na verdade, a Diretora Jannice Monte-Mór "pela colaboração oferecida à grande exposição histórica e artística comemorativa do Sesquicentenário da Independência no Museu Nacional de Belas Artes" (Biblioteca Nacional, 1972d).

Uma reportagem da época traz outros detalhes acerca da origem das peças que fizeram parte da exposição, assim como do espaço dedicado e as temáticas principais. A exposição ocupou dois andares do Museu Nacional de Belas Artes, totalizando 2 mil metros quadrados.

> [...] A mostra ocupará dois andares do Museu, num total de 2 mil metros quadrados. Reunindo documentos, moedas, pinturas, esculturas e mobiliário do período 1808 a 1826, o Museu Nacional de Belas Artes pretende reconstruir fielmente todo o clima da vida política, econômica e social dos tempos da Independência.
>
> Além de contar com peças do próprio Museu Nacional, a exposição recebeu material emprestado do Instituto Histórico e Geográfico, do Museu Histórico, do Museu Imperial, da Biblioteca e Arquivo Nacional, da Cúria Metropolitana, do Mosteiro de São Bento, da Santa Casa da Misericórdia, da Fundação Raimundo Castro Maia e de vários colecionadores particulares (MNBA ..., 1972).

A inauguração da exposição, que tinha sido prevista para o dia 12 de outubro de 1972, dia da Aclamação de D. Pedro I, teve sua data alterada para 19 de novembro do mesmo ano, conforme a mesma reportagem:

> A exposição Memória da Independência, programada pelo Museu Nacional de Belas Artes para comemorar o Sesquicentenário, teve sua inauguração, que havia sido anunciada para hoje, adiada para 19 de novembro. Atraso na entrega de peças e problemas surgidos nas montagens de acrílico que servirão de moldura ou de apoio para alguns quadros determinaram a mudança da data da abertura (MNBA ..., 1972).

Os acrílicos, que protegem as peças expostas tal como foi referido no trecho da reportagem, provavelmente são aqueles visualizados em um filme, com cerca de 15 minutos, que trata da Exposição "Memória da Independência" exibidos por ocasião da celebração dos 52 anos de existência da Biblioteca Demonstrativa do Brasil Maria da Conceição Moreira Salles (BDB) e do Bicentenário da Independência em 2022 (Brasil, 1972).

Figura 2 - Livros sob a proteção do acrílico na Exposição oficial

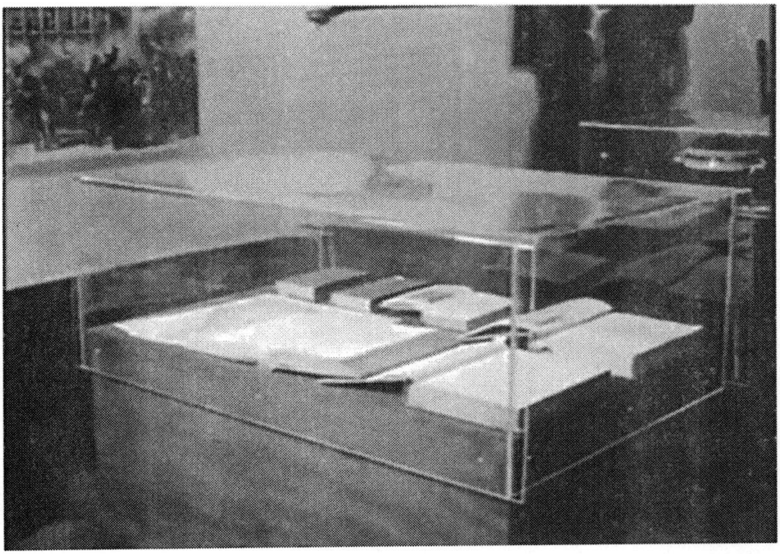

Fonte: Brasil (1972)

O narrador do filme cita aos quatro minutos e cinquenta segundos que o uso intensivo do acrílico foi um exemplo das inovações museológicas utilizadas na Exposição. A vantagem do uso do acrílico, que foi "empregado na confecção de vitrines, paineis, estojos e suporte", está na "plasticidade e transparência desse material neutro, [e] tornaram possível vários efeitos de visibilidade de conjunto e de visão do espaço" (Brasil, 1972).

Esta exposição, que conforme visto foi realizada no Museu Nacional de Belas Artes no Rio de Janeiro, trouxe obras de arte do período de 1808 a 1823 com a chegada da Corte no Rio de Janeiro tais como aquelas que retratam o casamento de D. Pedro I, os senhores da nobreza, os proprietários rurais, altos funcionários, os grandes líderes religiosos da terra assim como da economia agrária voltada para o controle do trabalho escravizado, entre outras obras de Debret, por exemplo.

3 AS EXPOSIÇÕES DA BIBLIOTECA NACIONAL EM 1972

Os levantamentos realizados demonstraram que a Biblioteca Nacional, além de colaborar com a exposição oficial programada pela Comissão Executiva Central do Sesquicentenário da Independência a pedido do Presidente da República, exigindo, portanto, o envolvimento do corpo de funcionários, a Biblioteca Nacional, também organizou suas próprias exposições.

Três exposições se destacaram ao longo do ano de 1972 por sua relevância temática com a cultura brasileira: uma exposição dedicada à efeméride do sesquicentenário da independência do país, uma exposição dedicada ao centenário da obra "Os Lusíadas" e uma exposição dedicada ao livro raro conforme serão descritas a seguir.

3.1 Exposição Comemorativa do Sesquicentenário da Independência

A Biblioteca Nacional organizou sua própria exposição comemorativa do Sesquicentenário da Independência, onde divulgou diversas obras de seu acervo se antecipando à exposição oficial organizada pela Comissão Executiva Central do Sesquicentenário da Independência, inaugurada aos 26 dias de setembro de 1972.

A exposição, de acordo com uma reportagem da época, continham obras emblemáticas do período da Independência do país tais como:

> Trechos de cartas de Dom Pedro I a D. João VI, manifestos da época da Independência, Reproduções de Debret e toda uma série de manuscritos e livros raros do séculos XVIII e XIX poderão ser apreciados na Exposição Comemorativa do Sesquicentenário da Independência, que será inaugurada hoje [26/09/1972], às 17 horas, na Biblioteca Nacional.
>
> A exposição ficará aberta ao público por cerca de um mês. A inauguração será presidida pelo diretor do Departamento de Assuntos Culturais do Ministério da Educação, o Sr. Renato Soeiro, e contará com a presença do Presidente do Conselho Federal de Cultura, Professor Artur César Ferreira Reis, e da diretora da Biblioteca Nacional, Srª. Janice de Melo[4] *[Sic]* (Exposição de documentos..., 1972, p. 10).

4 De acordo com o catálogo de autoridades da Biblioteca Nacional o nome "Jannice Monte-Mor" (sem-acento) é o adotado em seus catálogos em lugar do nome "Jannice de Mello Monte-Mór" (remissiva). No entanto, os erros na grafia de seu nome eram frequentes tanto na imprensa quanto em documentos administrativos.

A matéria do jornal descreve também os detalhes sobre os manuscritos e reproduções presentes na exposição que reuniu "um acervo de 225 verbetes, em pequenas vitrinas no hall da Biblioteca Nacional". A exposição inicia por um histórico da Inconfidência, onde reúne livros da época alguns manuscritos [...]" assim como "todo o processo da Revolução Baiana de 1798" e da Revolução Pernambucana, de 1817 (Exposição de documentos..., 1972, p. 10).

> Há também diversas gravuras e reproduções feitas na Seção de Microfilmagem da Biblioteca Nacional, com peças de Debret, e algumas tiradas de livros de Taunay.
>
> A Exposição mostra ainda as principais figuras do movimento da Independência, manifestantes de Joaquim Gonçalves Ledo e José Bonifácio, e termina com reconhecimento da nossa Independência pelos outros países (Exposição de documentos..., 1972, p. 10).

De acordo com Lousada, a Exposição Comemorativa do Sesquicentenário da Independência do Brasil (1822-1972) organizada pela Seção de Exposições da Biblioteca Nacional e o respectivo catálogo que foi publicado para a ocasião, teve por "objetivo apresentar um elenco bibliográfico que atendesse também aos movimentos precursores da Independência, tomando como ponto de partida a Inconfidência Mineira de 1798 [...] até 1825 com o reconhecimento definitivo da nossa liberdade política". De acordo com Lousada (1972a, p. 5), "a Exposição e o catálogo refletem [...] o ambiente político, social e econômico do Brasil" naquele período.

O catálogo contém 55 páginas e lista obras e documentos do período da Inconfidência Mineira desde 1789 ao reconhecimento da liberdade política em 1825 conforme descreve Wilson Lousada na apresentação do livro[5].

3.2 Centenário da obra "Os Lusíadas"[6]

No mesmo ano do Sesquicentenário, a Biblioteca Nacional por meio da Seção de Exposições, também organizou em sua sede, a Exposição Comemorativa do 4º Centenário de "Os Lusíadas" (1572-1972), uma referência para além do gênero literário.

> Associando-se às comemorações que assinalam a passagem do IV Centenário da 1ª edição dos *Lusíadas* (1572-1972), a Biblioteca Nacional desejou fazê-lo através de uma Exposição bibliográfica, cujo retrato impresso fica registrado nas páginas deste Catálogo. [...] Daí a divisão bibliográfica da *História de Portugal; Navegação, mapas, roteiros; Descobrimentos e conquistas; Os Lusíadas,* (na sua fortuna bibliográfica através dos séculos), seguindo-se finalmente *Fontes para Os Lusíadas; O Adamastor*; e, como fecho natural do desenvolvimento adotado, bibliografia selecionada sobre *Os Lusíadas.* [...] Fica assim explicado o dimensionamento não exaustivo em torno de Luís de Camões e sua obra, para que melhor se projetasse o objetivo básico da homenagem que a

---

5 Esta publicação do Sesquicentenário é uma bibliografia com referências e algumas ilustrações. Difere em parte da obra "Documentos para a história da Independência" (Biblioteca Nacional, 1923), comemorativa do centenário da Independência, descrita no Capítulo 6. A obra do centenário contém as transcrições dos documentos expedidos em Lisboa e Rio de Janeiro do período de 1820 a 1825 envolvendo desde a Revolução Liberal, Dia do Fico até o reconhecimento da Independência por Portugal.

6 A obra original foi digitalizada e pode ser consultada no link indicado nas referências (Camões, 1572) assim como o catálogo da referida exposição (Biblioteca Nacional, 1972c).

> Direção da Biblioteca Nacional configura nas páginas deste impresso (Lousada, 1972c, p. 10-11, grifos do autor).

A exposição comemorativa do 4º Centenário de "Os Lusíadas" foi inaugurada em abril de 1972, a apenas cinco meses da inauguração de sua própria exposição sobre o Sesquicentenário da Independência, em 26 de setembro. Além disso, a exposição oficial do Sesquicentenário no Museu Nacional de Belas Artes seria inaugurada em novembro do mesmo ano. O ano de 1972 foi marcado por um cronograma curto e, ao mesmo tempo, muito rico.

O catálogo da Fundação Biblioteca Nacional também traz outras fontes sobre o centenário da obra de Camões envolvendo documentos e reproduções do Real Gabinete Português de Leitura e edições da Comissão Executiva do IV Centenário da Publicação de "Os Lusíadas", entre outras obras.

3.3 Exposição Livro Raro em seus diversos aspectos

A Biblioteca Nacional também se envolveu em uma mostra sobre "O Livro Raro em seus diversos aspectos" em sua sede, resultando na publicação de um catálogo com 58 páginas organizado pela bibliotecária Iracema Celeste Rodrigues Monteiro. A mostra, inaugurada em novembro de 1972, é resultado da participação da Biblioteca Nacional no Ano Internacional do Livro determinado pela UNESCO.

> Acolhendo e associando-se com simpatia à iniciativa da UNESCO, que resolveu considerar 1972 como o

> Ano Internacional do Livro, a Biblioteca Nacional, por determinação de sua Diretora, Profª Jannice de Mello Monte-Mór, apresenta *O Livro Raro em seus diversos aspectos,* de que este Catálogo é o fiel espelho impresso, a homenagem mais significativa que se poderia dedicar a esse insubstituível instrumento promotor da cultura. (Biblioteca Nacional, 1972b, p. 5, grifo do autor).

De acordo com Iracema Celeste Rodrigues Monteiro, Chefe da Seção de Livros Raros, a exposição teve por finalidade "mostrar os diversos aspectos do livro como testemunha e promotor da cultura" e incluiu "incunábulos e primeiros impressores, livros ilustrados, o livro no Brasil, além de exemplares característicos de cada século, ligados às cidades onde foram impressos" (Monteiro, 1972, p.7). Lousada, em sua apresentação do referido catálogo[7], também exalta a proposta da Exposição:

> Mas o que se pretendeu, antes de tudo, dentro das possibilidades do momento e de acordo com os princípios da atual direção da Biblioteca Nacional, foi principalmente chamar a atenção, do grande público, dos eruditos, pesquisadores e especialistas no assunto, para a extraordinária riqueza do acervo deste órgão em quase todos os aspectos do livro, seja pelo conteúdo, pela raridade ou ainda pela beleza artística deste produto da genial invenção que nos foi legada por Gutenberg, sem a menor dúvida o grande responsável pelo definitivo encerramento das portas do mundo medieval (Lousada, 1972b, p. 6).

7 O Catálogo referente à exposição pode ser consultado no link que consta nas referências (Fundação Biblioteca Nacional, 1972).

A "atual direção", a que se refere Lousada no trecho acima, contou com Jannice Monte-Mór, cuja gestão se destacou por sua atuação firme e inovadora mesmo em um período marcado pela ditadura militar. Na próxima seção foram destacados alguns pontos de sua gestão segundo as fontes obtidas no processo de pesquisa.

4 A PROTAGONISTA DA BIBLIOTECA NACIONAL

Ao longo do levantamento, um nome surgiu com frequência nos documentos levantados: Jannice de Mello Monte-Mor, a primeira mulher e bibliotecária a administrar a Biblioteca Nacional (BRASIL), que prestamos uma singela homenagem com a descrição de alguns de seus feitos.

Figura 3 - Jannice Monte-Mór na Administração da Biblioteca Nacional

Fonte: Grings (2019, p. 86)

Jannice Monte-Mor nasceu em 23 de julho de 1927 em Osasco (São Paulo) e faleceu na cidade do Rio de Janeiro em seu aniversário de 78 anos em 2005. Graduou-se em 1947 no Curso Superior da Biblioteca Nacional e entre 1971 a 1979 assumiu a direção da Biblioteca Nacional. A nomeação de Jannice para a direção-geral da Biblioteca Nacional, indicada pela amiga Maria Alice Barroso, foi uma "expressiva vitória" para a classe dos bibliotecários (Grings, 2019, p. 119; Siciliano, 2019).

Grings (2019, p.128) destacou as principais características da gestão de Jannice Monte-Mor que "dedicou-se intensamente à reforma administrativa da Biblioteca Nacional":

> Sua gestão foi considerada por muitos, um dos principais marcos da história da Biblioteca Nacional: renovadora, norteada para a reforma administrativa da Biblioteca, à luz do então novo conceito de bibliotecas nacionais, o seu papel na coletividade a que serve e, principalmente, os sistemas de informação bibliográfica do país (Grings, 2019, p, 119).

Marcada por grandes realizações e parcerias, sua gestão envolveu instituições, agências de financiamento, entre outras, demonstrando a capacidade de articulação de Jannice Monte-Mor e de lidar com situações e dimensões bastante complexas.

Com a Fundação Getúlio Vargas (FGV), firmou convênio em 1972 "para fazer um estudo abrangente sobre a situação da Biblioteca e apresentar um esquema detalhado de soluções práticas para o aprimoramento do trabalho" (Biblioteca Nacional,[2022a?]). Outro grande destaque ocorreu em 1973 quando o monumental edifício da avenida Rio Branco foi tombado pelo Instituto do Patrimônio Histórico e Artístico Nacional (IPHAN) (Biblioteca Nacional,[2022a?]; Fundação Biblioteca Nacional, 1973). Também neste ano, de acordo com Grings (2019, p. 146), "foi efetivamente implantada a reforma administrativa por meio do trabalho do grupo-tarefa, responsável pelo desenho de novos fluxos e rotinas de trabalho, bem como pelo treinamento e aperfeiçoamento do pessoal da Biblioteca".

Jannice Monte-Mor também conseguiu captar verba para cinco projetos descritos em matéria do Jornal do Brasil (Verba ..., 1974). No primeiro projeto, o destaque foi o inventário completo do acervo da biblioteca, porque segundo a diretora "não sabemos do que dispomos e algumas obras que constam do catálogo foram roubadas ou se estragaram". Os demais projetos estão voltados para a restauração das obras, aquisição planificada de material bibliográfico do exterior, processamento técnico de obras não catalogadas e elaboração de um catálogo com todos os periódicos existentes no acervo da Biblioteca Nacional.

O ano de 1978 também foi destacado pela representatividade internacional alcançada pela Biblioteca Nacional "ao integrar o Comitê Internacional de Diretores de Bibliotecas Internacionais" quando a Biblioteca Nacional passa a representar as Bibliotecas Nacionais da América Latina (Biblioteca Nacional, [2022a?]).

Neste mesmo ano de 1978 foi criado o Plano Nacional de Microfilmagem de Periódicos Brasileiros (PLANO), que existe até hoje, para preservar a produção jornalística do país e supervisionar uma rede nacional de microfilmagem[8]. Também foram lançadas as bases do novo formato de catalogação, na época, do formato CALCO (Catalogação Legível por Computador) e a implantação do sistema de ISBN, um sistema de numeração internacional do livro, que beneficia autores e editores (Biblioteca Nacional, [2022a?]).

Suas ideias foram compartilhadas não somente por meio de eventos técnicos entre seus pares contemporâneos, mas também por meio de artigos, tal como o artigo intitulado "Reforma da Biblioteca Nacional" publicado no primeiro número da revista "Ciência da Informação" em 1972 (Monte-Mor, 1972). Grings (2019) também detalha em seu livro a trajetória de Jannice Monte-Mor e sua figura está imortalizada em documentário com direção de José Alberto Nobreporto e Supervisão de produção de Nelson Pereira dos Santos disponível no YouTube (Biblioteca Nacional, 1974).

5 CONSIDERAÇÕES FINAIS

É possível afirmar que o objetivo do estudo foi alcançado ao observar a contribuição da Biblioteca Nacional nas comemorações da efeméride do Sesquicentenário da Independência correlacionando-a com os fatos marcantes que emergiram desse processo envolvendo a história do campo da Biblioteconomia ao longo deste período, especialmente das práticas de gestão biblioteconômicas.

8 Ver detalhes em: Biblioteca Nacional ([2022b?]).

A potência da gestão de Jannice Monte-Mór é, sem dúvida, o marco histórico do período que se destacou entre os três temas identificados no *corpus* por meio do processo de unitarização e de categorização. Sua competência e visão garantiu novo posicionamento da Biblioteca Nacional na cultura nacional.

A pesquisa documental revelou também que as ações da Biblioteca Nacional foram exitosas seja no atendimento das demandas da Comissão Central do Sesquicentenário da Independência do Brasil, seja na sua parceria na organização da exposição oficial do Sesquicentenário da Independência, denominada de Exposição Histórica "Memória da Independência", inaugurada somente em novembro de 1972. Nesse sentido, a Biblioteca Nacional se antecipou, organizando e apresentando exposições como aquela dedicada ao Sesquicentenário que ocorreu em setembro de 1972, mês da efeméride. Isto é, antes da exposição oficial do governo. O respectivo catálogo As exposições sobre o 4º Centenário de "Os Lusíadas" em abril e outra sobre Livros Raros em novembro do mesmo ano, igualmente fortaleceram o papel cultural da Biblioteca Nacional na sociedade brasileira.

Os respectivos catálogos de cada exposição são fontes de informação que ilustram os propósitos daquelas exposições e agregam valor histórico aos temas dos eventos convertendo-se em percursos a serem compartilhados por novas gerações.

O método ATD, apesar de desafiador, permitiu lidar com os documentos levantados no *Corpus* e apresentar uma narrativa descritiva que pudesse, espera-se, apontar as contribuições para o campo da Biblioteconomia. A pesquisa documental é, portanto, um dos caminhos possíveis para identificar e levantar novos documentos que possam desvelar e aprofundar as histórias do campo da Biblioteconomia.

REFERÊNCIAS

BIBLIOTECA NACIONAL. **Documentos para a história da Independência**. Rio de Janeiro, Officinas Graphicas da Bibliotheca Nacional, 1923. 503p., 27 cm. Disponível em: http://objdigital.bn.br/objdigital2/acervo_digital/div_obrasgerais/drg1317680/drg1317680.pdf. Acesso em: 15 jan. 2024. Localização: Obras Gerais: V-471,4,6 ou Iconografia - Arm.39.1.9. Nota geral: O vol. I foi o único a ser publicado.

BIBLIOTECA NACIONAL (Brasil). **Histórico**: 1961-1980. [2022a?]. Disponível em: https://antigo.bn.gov.br/sobre-bn/historico. Acesso em: 23 jul. 2024.

BIBLIOTECA NACIONAL (Brasil). **Independência do Brasil:** sesquicentenário, 1822-1972. Rio de Janeiro, RJ: Biblioteca Nacional, Divisão de Publicações e Divulgação, 1972a. Disponível em: https://objdigital.bn.br/objdigital2/acervo_digital/div_iconografia/icon1285835/icon1285835.htm. Acesso em: 13 jul. 2023.

BIBLIOTECA NACIONAL (Brasil). **O livro raro em seus diversos aspectos**. Catálogo organizado pela Bibliotecária Iracema Celeste Rodrigues Monteiro. Rio de Janeiro, 1972b. Disponível em: http://objdigital.bn.br/objdigital2/acervo_digital/div_iconografia/icon693313/icon693313.pdf. Acesso em: 23 Jul. 2024.

BIBLIOTECA NACIONAL (Brasil). **Os Lusíadas, 1572-1972**: catálogo da exposição. Rio de Janeiro, RJ: Biblioteca Nacional, Divisão de Publicações e Divulgação, 1972c. Disponível em:http://objdigital.bn.br/objdigital2/acervo_digital/div_iconografia/icon621060/icon621060.pdf. Acesso em: 23 Jul. 2024.

BIBLIOTECA NACIONAL (Brasil). **Plano Nacional de Microfilmagem de Periódicos Brasileiros**: PLANO. Rio de Janeiro, [2022b?]. Disponível em: https://antigo.bn.gov.br/explore/planos-preservacao/plano-nacional-microfilmagem-periodicos-brasileiros. Acesso em: 03 jul. 2023.

BIBLIOTECA NACIONAL (Brasil). **Processo nº 81A/72**. Trata da colaboração da BN com a Comissão Central do Sesquicentenário da Independência do Brasil. Rio de Janeiro, 25 de fevereiro de 1972d. Localização: Manuscritos - 48,5,005 nº025.

Biblioteca Nacional. **Raro documentário sobre a Biblioteca Nacional**. 1974. Direção de José Alberto Nobreporto e supervisão de produção de Nelson Pereira dos Santos. Disponível em: https://www.youtube.com/watch?v=d1qow2ccg9s&t=16s. Acesso em: 24 out. 2024.

BETTAMIO, Rafaella. **Imprensa no período Joanino.** Acervo digital. Rio de Janeiro., [c2010]. Disponível em: http://bndigital.bn.br/projetos/expo/djoaovi/imprensajoanino.html. Acesso em: 23 jul. 2023.

BRASIL. Ministério da Educação e Cultura. Departamento de Assuntos Culturais. **Memórias da Independência**: Exposição piloto (1972). Rio de Janeiro, 1972. Em parceria com o Instituto Nacional do Cinema (INC). Direção e Roteiro de: Alexandre Eulálio, Narrador: Renato Machado, Leitores: Cecília Jucá, Seleção Musical: Mercedes Reis Pequeno e Gilberto Santeiro Montagem de Gilberto Santeiro com as fotografias de José A. Mário e Paulo Jorge de Souza. Disponível em: https://www.youtube.com/watch?v=SNBdpZexYFc. Acesso em 20 ago. 2023.

CAMÕES, Luís de. **Os Lusíadas**. Lisboa [Portugal]: na casa de Antônio Gonçalves. 1572. Disponível em: http://objdigital.bn.br/objdigital2/acervo_digital/div_obrasraras/or633602/or633602.html. Acesso em: 13 jul. 2023.

CORRÊA, Antonio Jorge. Agradecimentos pela participação da Biblioteca Nacional no Sesquicentenário da Independência. In: BIBLIOTECA NACIONAL. **Processo nº 81A/72**. Rio de Janeiro, 1972.

CUNHA, Lygia da Fonseca Fernandes da. Sesquicentenário da Independência: exposição histórica-memória da Independência. **Revista de História**, v. 44, n. 90, p. 565-568, 1972.

EXPOSIÇÃO de documentos dos séculos XVIII e XIX comemora a Independência. **Jornal do Brasil:** Rio de Janeiro, 26 set. 1972. 1º caderno, p. 16. Disponível em: https://books.google.com.br/books?id=XKsVAAAAIBAJ & pg. Acesso em: 13 jul. 2023.

FUNDAÇÃO BIBLIOTECA NACIONAL (BRASIL).**Tombamento do edifício-sede.** Histórico. Rio de Janeiro, 1973. Disponível em: https://antigo.bn.gov.br/sobre-bn/historico. Acesso em: 27 fev. 2024.

FUNDAÇÃO BIBLIOTECA NACIONAL (Brasil). **O livro raro em seus diversos aspectos**. Acervo digital. Rio de Janeiro, RJ: Biblioteca Nacional, Divisão de Publicações e Divulgação, 1972. 58 p. Disponível em: https://objdigital.bn.br/objdigital2/acervo_digital/div_iconografia/icon693313/icon693313.pdf. Acesso em: 13 jul. 2023.

GRINGS, Luciana. O leigo e a especialista : memórias da administração da Biblioteca Nacional nas décadas de 1960 e 1970. Rio de Janeiro: **Fundação Biblioteca Nacional**, 2019. Disponível em: https://objdigital.bn.br/objdigital2/acervo_digital/div_obrasgerais/drg1636604/drg1636604.pdf. Acesso em: 27 fev. 2024.

LOUSADA, Wilson. Apresentação: *In:* BIBLIOTECA NACIONAL. **Independência do Brasil**: sesquicentenário (1822-1972). Rio de Janeiro, 1972a. 55 p. Disponível em: https://objdigital.bn.br/objdigital2/acervo_digital/div_iconografia/icon1285835/icon1285835.htm. Acesso em: 17 jul.. 2024.

LOUSADA, Wilson. Apresentação: *In:* BIBLIOTECA NACIONAL. **O livro raro em seus diversos aspectos**. Rio de Janeiro, 1972b.

LOUSADA, Wilson. Nota explicativa. *In:* BIBLIOTECA NACIONAL (Brasil). **Os Lusíadas, 1572-1972**: catálogo da exposição. Rio de

Janeiro: Divisão de Publicações e Divulgação da Biblioteca Nacional, 1972c. Disponível em: http://objdigital.bn.br/objdigital2/acervo_digital/div_iconografia/icon621060/icon621060.pdf. Acesso em: 23 Jul. 2024.

MARCHA do Sesquicentenário da Independência do Brasil. 1972. Disponível em: https://www.bing.com/images/search?view=detailserp=0 & vt=0 & sim=11. Acesso em: 28 fev. 2024.

MARTINS, Bruno Viveiros. Decantando a Independência: canção popular e história do Brasil. **Revista do Centro de Pesquisa e Formação**, n. 15, dez. 2022. Disponível em: https://www.sescsp.org.br/wp-content/uploads/2022/12/CPF15_dossie9.pdf. Acesso em: 17 jul. 20.

MNBA transfere a data da Memória da Independência. **Jornal do Brasil:** Rio de Janeiro, 12 de out. 1972. 1º caderno, p. 42. Disponível em https://books.google.com.br/books?id=XqclAAAAIBAJ&pg=PA42&dq=. Acesso em: 23 jul. 2023.

MONTE-MOR, Jannice. **Circular ao chefe da SAA solicitando que se recolha o processo BN nº81A/72 relativo à colaboração da BN com a Comissão Executiva Central do Sesquicentenário da Independência do Brasil, à Seção de Manuscritos.** [Rio de Janeiro]: [s.n.], 07/03/1979. 2 doc. (58 p.), Orig.Localização: Manuscritos - 48,5,005 nº025.

MONTE-MOR, Jannice. A reforma da Biblioteca Nacional. **Ciência da Informação**, Rio de Janeiro, v. l, n. l, p.15-23, 1972.Disponível em: https://doi.org/10.18225/ci.inf.v1i1.3. Acesso em: 17 jul. 2024.

MONTEIRO, Iracema Celeste Rodrigues. O livro raro em seus diversos aspectos. *In*: Biblioteca Nacional. **O livro raro em seus diversos aspectos**. Catálogo organizado pela bibliotecária Iracema Celeste Rodrigues. Rio de Janeiro, 1972. Disponível em: https://objdigital.bn.br/objdigital2/acervo_digital/div_iconografia/icon693313/icon693313.htm. Acesso em: 17 jul. 2024.

MORAES, Roque; GALIAZZI, Maria do Carmo. **Análise Textual Discursiva**. 3 ed. rev. e ampl. Ijuí: UNIJUÍ, 2020.

RODRIGUES, José Honório. D. Pedro I: historiografia. **Jornal do Brasil**, Rio de Janeiro, 26 ago. 1972. Livro: suplemento. Disponível em: Jornal do Brasil - Google Livros. Acesso em: 17 jul. 2024.

SICILIANO, Thiago. Especial Dia Internacional da Mulher - Jannice Monte-Mor. **Frontispício**: a história daquele que conta histórias. 2019. Disponível em: https://frontispicio.wordpress.com/2019/03/08/especial-dia-internacional-da-mulher-jannice-monte-mor/. Acesso em: 24 out. 2024.

VERBA de três milhões é o primeiro recurso extra na história da Biblioteca. **Jornal do Brasil**, Rio de Janeiro, 23 maio 1974. 1º Caderno, p. 33. Disponível em: https://books.google.com.br/books?id=c6oVAAAAIBAJ\ pg=PA33\ dq=Jannice+Monte-M. Acesso em: 23 fev. 2024.

WEITZEL, S. et. al. **Memória da Biblioteconomia nos 200 anos da Independência.** 2021. Rio de Janeiro, 2021.

Esta obra foi composta em Arno Pro Light 13, para a Editora Malê e impressa me papel pólen bold 80, pela Gráfica JVM, em outubro de 2025 no Rio de Janeiro.